102 REGRAS PARA SER UM PROFISSIONAL DE SUCESSO

CIP-BRASIL. CATALOGAÇÃO NA FONTE
SINDICATO NACIONAL DOS EDITORES DE LIVROS, RJ

M297n

Markert, Tom
    102 regras para ser um profissional de sucesso / Tom
Markert ; tradução Carolina Caires Coelho. - Campinas, SP :
Verus, 2010.

    Tradução de: You can't win a fight with your boss & 101
other rules for career success
    ISBN 978-85-7686-073-0

    1. Profissões - Desenvolvimento. 2. Sucesso nos negócios.
3. Comportamento organizacional. 4. Liderança. I. Título.

10-2088

CDD: 650.1
CDU: 65.011.4

TOM MARKERT

102 REGRAS PARA SER UM PROFISSIONAL DE SUCESSO

Tradução
Carolina Caires Coelho

Título original
You Can't Win a Fight with your Boss
& 101 Other Rules for Career Success

Editora
Raïssa Castro

Coordenadora Editorial
Ana Paula Gomes

Copidesque
Ana Paula Gomes
Renata Coppola Fichtler

Revisão
Anna Carolina G. de Souza

Capa & Projeto Gráfico
André S. Tavares da Silva

Diagramação
Daiane Avelino

© Tom Markert, 2004
Publicado originalmente em língua inglesa em Sidney, Austrália,
por HarperCollins Publishers Australia Pty Ltd. em 2004.
Edição em língua portuguesa publicada por acordo com
HarperCollins Publishers Australia Pty Ltd.

Tradução © Verus Editora, 2010
Direitos mundiais reservados, em língua portuguesa, por Verus Editora.
Nenhuma parte desta obra pode ser reproduzida ou transmitida por qualquer forma
e/ou quaisquer meios (eletrônico ou mecânico, incluindo fotocópia e gravação) ou
arquivada em qualquer sistema ou banco de dados sem permissão escrita da editora.

VERUS EDITORA LTDA.
Rua Benedicto Aristides Ribeiro, 55
Jd. Santa Genebra II - 13084-753
Campinas/SP - Brasil
Fone/Fax: (19) 3249-0001
verus@veruseditora.com.br
www.veruseditora.com.br

A cinco pessoas muito importantes na minha vida.

A meus pais, Tom e Monnie Markert. Deles herdei os valores, a ética profissional e o senso de humor.

A meus sogros, Bill e Anne Elwell. Sei que as pessoas costumam detestar os sogros, mas eu não sou assim. Eles são ótimos e acrescentaram muito à minha vida. Bill vem lutando contra o câncer há algum tempo. Eu me inspiro muito em sua coragem e determinação de vencer, apesar das dificuldades. Sua atitude pode ser resumida por algo que ele me disse recentemente: "Um milagre está vindo, e pretendo me colocar em seu caminho e esperar que ele me atinja". Sei que ele tem razão.

E, acima de todos, a minha esposa, Sarah. Ela é a base da nossa família. Com as viagens que faço e as exigências do meu trabalho, nada daria certo sem ela. Simples assim.

AGRADECIMENTOS

Gostaria de agradecer aos muitos amigos e colegas que reservaram um tempo para contribuir com minhas ideias para este livro, principalmente a Charlie Baker, Angie Benko, Todd Brant, Phil Chambers, Emmett Davis, Brian Goorjian, Shane Heal, Bob Livingston, Eileen Malloy, Frank Martell, Ted Marzilli, Andrew Michael, Nancy Michalowski, Bill Moss, John O'Keefe, Maury Pagés, Ed Riehl, Dawn Robertson, Audrey Rosen, Steve Schmidt e Allan Watson. Obrigado a todos. Um obrigado especial também à ACNielsen, uma ótima empresa.

Gostaria de agradecer ainda à incrível equipe da HarperCollins, incluindo Brian Murray, Shona Martyn, Helen Littleton, Airlie Lawson e Sally Collins. Um agradecimento especial a Ali Orman, que com destreza editou o manuscrito para criar este livro, a Louise McGeachie, pelo inspirado trabalho de *design*, e a Sarah Shrubb, pela revisão do texto.

Agradecimentos especiais a Donna Robertson-Hussin, minha fiel assistente em Sidney, e a John Kench, excelente advogado da cidade, que me pôs em contato com a HarperCollins. Um autor de primeira viagem precisa de contatos!

Por fim, obrigado a minha família – minha esposa, Sarah, e meus filhos, Zach, Abby, Nate e Rebecca – por me tolerar durante o período caótico que passei escrevendo este livro.

SUMÁRIO

Introdução 13

Regra 1   Trabalhe muito e de maneira inteligente...................15

Regra 2   Ninguém tem direito a nada!....................................16

Regra 3   Seja motivado...17

Regra 4   Invista seu tempo 19

Regra 5   Faça mais um arremesso 21

Regra 6   Faça o que for preciso..23

Regra 7   Seja simpático...25

Regra 8   Encontre bons chefes..26

Regra 9   Respeite seu chefe..27

Regra 10   Adore seu chefe 28

Regra 11   Não dá para ganhar do chefe 30

Regra 12   Conheça seu chefe..32

Regra 13   Prepare seu chefe antes de uma apresentação 33

Regra 14   Ganhe a simpatia do cônjuge do chefe.....................34

Regra 15   Vista-se de acordo com o cargo.................................35

Regra 16   Dê os toques finais 37

Regra 17   Torne-se um vencedor magro e esbelto 38

Regra 18   Diga não à barba..40

Regra 19   Dirija um bom carro 41

Regra 20   Mantenha seu carro limpo..42

Regra 21   Sorria, é contagioso 43

Regra 22   Alimente-se bem 44

Regra 23	Mexa-se	46
Regra 24	Não se torne um "novo-rico"	48
Regra 25	Torne-se um especialista	49
Regra 26	Leia livros	50
Regra 27	Faça um MBA	51
Regra 28	Escreva bem	53
Regra 29	Conheça os números	55
Regra 30	Seja interessante	56
Regra 31	Alcance a fama	58
Regra 32	Incentive a educação	60
Regra 33	Encontre um mentor	62
Regra 34	Faça algo audacioso	63
Regra 35	Aprenda a jogar golfe	64
Regra 36	Seja um proprietário	65
Regra 37	Fale menos e faça mais	67
Regra 38	Boa vontade não enche barriga	68
Regra 39	Maior nem sempre é melhor	69
Regra 40	Menor pode ser melhor	70
Regra 41	Incrível consistência	71
Regra 42	Delegue	72
Regra 43	Comece e termine as reuniões pontualmente	73
Regra 44	Implemente a regra dos dois gráficos	74
Regra 45	Chegue na hora	75
Regra 46	Atenda o telefone	76
Regra 47	Não minta nos relatórios de despesas	77
Regra 48	Prepare-se para viagens de avião	78
Regra 49	Você está sozinho!	80
Regra 50	Consiga o melhor emprego	81
Regra 51	Escolha seu empregador com cuidado	82

Regra 52	Transforme seu emprego na Disneylândia	83
Regra 53	Solicite avaliações de desempenho	84
Regra 54	Você está enlouquecendo seu chefe?	85
Regra 55	Faça tudo certinho	86
Regra 56	Trabalhe fora do país (mas só se for bom para você)	87
Regra 57	"Especial" nem sempre é bom	89
Regra 58	Independentes, cuidado!	90
Regra 59	Aceite as mudanças	92
Regra 60	Leia anúncios internos de emprego	94
Regra 61	Peça demissão da maneira certa	95
Regra 62	Um passo de cada vez	98
Regra 63	Aja como Todd Brant	99
Regra 64	Processar ou não processar	100
Regra 65	Faça amizade com o advogado	101
Regra 66	Prepare-se para sua grande apresentação	104
Regra 67	Cerque-se de talento	106
Regra 68	Dê crédito à equipe	107
Regra 69	Procure escutar o que você não ouve	108
Regra 70	Crie discípulos para sempre	109
Regra 71	Seja o técnico de sua equipe	110
Regra 72	Tome conta de seus melhores profissionais	112
Regra 73	Agradeça sempre	113
Regra 74	Vá para a varanda	114
Regra 75	Não se orgulhe demais de si mesmo	115
Regra 76	Não seja um mártir	116
Regra 77	Compreenda as diferenças entre as pessoas	117
Regra 78	Contrate certo, demita rápido	120
Regra 79	Elimine barreiras	121
Regra 80	Faça planejamento de sucessão	122

Regra 81 Nunca conte vantagem 123

Regra 82 Não enrole, fale a verdade 124

Regra 83 Corra bons riscos 125

Regra 84 Admita o fracasso 126

Regra 85 Nunca cometa o mesmo erro duas vezes 127

Regra 86 Fique de antena ligada 128

Regra 87 Não prejudique ninguém 129

Regra 88 Conheça seu oponente 130

Regra 89 Desarme seu oponente 131

Regra 90 Aceite a política 132

Regra 91 *Workaholics* não chegam a lugar nenhum 133

Regra 92 Diga não ao *home office* 134

Regra 93 Preserve os fins de semana 135

Regra 94 Combata o estresse 136

Regra 95 A falta de sono é sua inimiga 138

Regra 96 Deixe sua bagagem emocional do lado de fora 140

Regra 97 Vá às festas 141

Regra 98 *Playboys* não são promovidos 142

Regra 99 Amigos, amigos, negócios à parte 143

Regra 100 Você não vencerá concursos de popularidade 144

Regra 101 Seja discreto 145

Regra 102 O mundo não gira ao seu redor! 146

Epílogo 147

INTRODUÇÃO

> Uma caminhada de mil quilômetros
> começa com o primeiro passo.

O filósofo chinês Lao-Tsé disse isso no século VI a.C. É um conselho fantástico, que sobreviveu ao longo do tempo. O fato de estar lendo este livro – dando o primeiro passo – significa que você terá uma vantagem em relação a seus concorrentes.

Você pode aprender com o passado e também com os outros, e certamente com seus sucessos e fracassos. O processo de aprendizado acelera sua jornada em direção às ações corretas, e tomar a atitude certa é o que faz você progredir mais rapidamente dentro da empresa, qualquer que seja o porte dela.

Crescer na companhia pode ser uma grande aventura, até mesmo uma corrida maluca. Não existe uma fórmula mágica que garanta o sucesso, mas existem algumas regras que você deve seguir se quiser chegar ao topo. Tomei como base meus vinte anos de experiência em empresas como Procter & Gamble, Citicorp e, mais recentemente, ACNielsen, multinacional gigantesca na área de informação, para escrever as regras apresentadas nas páginas a seguir. Espero que elas o ajudem a chegar ao topo, por isso, se quiser aprender, continue lendo!

Se você acha que já sabe tudo de que precisa para ter sucesso em sua profissão, admiro seu ego, mas tome cuidado – é provável que você esteja prestes a ser atropelado por alguém que segue uma série de regras que você desconhece. Isso é garantido. Acontece todos os dias dentro de todas as empresas.

Siga estas regras e você pode chegar aonde quiser; ignore-as e pode acabar jogado na sarjeta da estrada corporativa, enquanto os outros passam por você.

Não importa se você é recém-formado e está entrando agora na área, ou se já participa há tempos do jogo corporativo, os noventa minutos em média que você vai levar para ler este livro e absorver o conhecimento aqui contido serão alguns dos melhores minutos que você já gastou na vida.

Abra sua mente, leia com interesse e *aprenda*.

REGRA 1

TRABALHE MUITO E DE MANEIRA INTELIGENTE

Se você escutar as palavras "Enriqueça rapidamente", saia correndo, pois está sendo enganado.

Para ganhar dinheiro, você tem de trabalhar. Para ganhar muito dinheiro, tem de trabalhar muito e de maneira inteligente.

A Regra 1 é o ponto principal deste livro – trabalhe muito e de modo inteligente.

REGRA 2

NINGUÉM TEM DIREITO A NADA!

Preste atenção. Ninguém na empresa tem direito a nada. A coisa alguma. Em tempo algum.

Se você acha que tem o direito de manter seu emprego, saiba que não tem.

Se você acha que tem direito a uma promoção, saiba que não tem.

Se você acha que tem o direito de ganhar melhor, saiba que não tem.

Se você acha que tem direito a uma sala espaçosa, saiba que não tem.

O mundo dos negócios nada tem a ver com direitos. Tem a ver com conquistas. Se você se empenhar em atingir constantemente resultados excelentes, as recompensas virão.

Não sou a favor de planos de carreira que premiam os funcionários por tempo de casa. As expectativas em relação aos funcionários antigos devem ser as mesmas exigidas dos recém-contratados. Se você mostrar resultados, vai progredir e vai ganhar mais.

Penso o mesmo a respeito da estabilidade no emprego. Em alguns países, os professores não podem mais ser demitidos depois de certo tempo de serviço, assim como os funcionários públicos. Quanta bobagem! Eu não dou a mínima para a estabilidade. Com ela, os funcionários podem se acomodar. De jeito nenhum! Isso nunca será permitido em uma empresa bem-sucedida.

Se não mostrar resultados, você não vai manter seu emprego!

REGRA 3
SEJA MOTIVADO

Você não pode se tornar um executivo do alto escalão em uma empresa grande se não tiver um ego forte. O trabalho que dá lidar com esse nível de sucesso é muito complexo, e chega a ser extenuante para alguém que não seja um tanto egocêntrico.

Seu ego pode causar em você a *necessidade* de alcançar resultados, e um medo cego de fracassar. Toda posição executiva é altamente visada. Não é muito diferente de ser técnico de qualquer equipe esportiva do mundo hoje em dia. Emmett Davis, técnico do time de basquete masculino da Colgate University, nos Estados Unidos, certa vez me disse: "Meus resultados estão nos jornais todos os dias". Esse comentário foi repetido pelo técnico da seleção australiana de basquete, Brian Goorjian: "Todo mundo sabe como foi meu dia de trabalho. Deu no rádio e na televisão". O mesmo ocorre dentro da empresa, onde o placar é o relatório anual – e muitas pessoas o leem. Os técnicos e líderes com desempenho ruim não conseguem manter o emprego. O medo motiva.

O dinheiro também motiva. Você pode ganhar muito dinheiro no alto escalão de grandes empresas. Os salários oferecidos costumam ser enormes, porque o impacto que um executivo desse nível causa na empresa é igualmente enorme – para o bem ou para o mal. As empresas pagam tanto pelo talento quanto pelo desempenho. Se o dinheiro for um fator de motivação para você, ótimo – você tem chance de subir rapidamente.

Se preferir uma carreira gratificante que não envolva necessariamente grandes quantias de dinheiro, você pode escolher uma profissão que traga recompensas psicológicas. Por exemplo, assistentes sociais costumam ser heróis silenciosos – ajudam as pessoas a resolver problemas enormes, o trabalho costuma ser bastante difícil, mas ganham pouco dinheiro. No entanto, têm a chance de fazer diferença na vida das pessoas, o que pode ser extremamente gratificante. Isso posto, a recompensa psicológica não motiva aqueles que querem comandar grandes empresas.

Ego e dinheiro podem ser muito bons. Não vamos fingir que não é verdade.

REGRA 4

INVISTA SEU TEMPO

Você não pode enganar o relógio. Não vai conseguir progredir na empresa sem um grande comprometimento em termos de horas. Trabalhei em muitas partes do mundo nos últimos vinte anos e sei que isso é verdade em todo lugar. Algumas culturas exigem mais do que outras. Os Estados Unidos são o pior. Meu amigo Ted Marzilli, atualmente vice-presidente de desenvolvimento corporativo da VNU, empresa controladora da ACNielsen, relembra seus dias em uma importante empresa de consultoria nos Estados Unidos.

"Costumávamos rir quando tínhamos de preencher a planilha de horas – o máximo que podíamos colocar por semana eram quarenta horas (oito horas por dia), quando a verdade é que, em algumas semanas, as quarenta horas que escrevíamos representavam apenas metade do tempo que havíamos passado no trabalho. Mas esse era o ambiente. Tínhamos de atender nossos clientes e, pessoalmente, precisávamos passar uma boa imagem dentro da empresa. O tempo que passávamos ali certamente não era o único critério de avaliação de desempenho, mas, se a equipe estivesse pedindo comida às oito da noite e você dissesse: 'Não, obrigado, vou sair daqui a pouco'... Bem, só era possível dizer isso de vez em quando, e os colegas certamente reparavam. Sair 'cedo' sem dúvida não era o caminho para o sucesso.

O que não falta é trabalho em um projeto de consultoria. Raramente seu chefe ou seu parceiro no projeto dirá: 'Nossa, você tem trabalhado demais ultimamente. Por que não sai mais cedo hoje?' O ambiente é de tudo ou nada – se você não render, será demitido. Você está sempre sob pressão para mostrar resultados, independentemente do tempo de casa; cada projeto é uma nova 'prova'. Você nunca consegue se acomodar com o que já conquistou."

Seja com o registro de horas ou com a criação de um ambiente em que se espera que as pessoas trabalhem até muito tarde, as empresas na área de serviços usam o tempo gasto no trabalho como um critério importante para medir o comprometimento e a contribuição do funcionário. Não tem a ver apenas com o número de horas, mas com obter toda a produtividade possível de cada minuto do dia. E esqueça o horário de almoço. Você não vai ganhar dinheiro para a empresa enquanto estiver comendo.

Se não investir seu tempo, alguém mais esperto que você fará isso. Fato da vida: os mais fortes sobrevivem. Minha política é evitar trabalhar aos fins de semana. Francamente, é bom poder ter um intervalo, mas nem sempre é possível. Sempre me dediquei completamente à empresa de segunda a sexta-feira. Eu invisto meu tempo – nunca menos de sessenta horas por semana, às vezes bem mais do que isso. Talento sem grande comprometimento não vai levar você a lugar nenhum. Conforme você progride em qualquer empresa, sempre haverá muitos outros executivos igualmente talentosos. A recompensa sempre vai para o mais dedicado.

Casais que estão tentando equilibrar carreira e família precisam analisar como podem dedicar as horas necessárias à empresa enquanto cuidam das necessidades dos filhos. Já vi isso dar certo e já vi dar errado. É simples – dá certo quando você tem uma pessoa muito flexível para cuidar dos seus filhos; dá errado quando você não tem uma situação como essa. Você precisa estar disponível para reuniões de última hora com o presidente que podem se estender além do esperado. Você não pode sair correndo da empresa às seis horas se não terminou seu trabalho. Se está determinado a manter sua carreira no alto escalão, pague o que for preciso para que seus filhos recebam cuidados excelentes e flexíveis em termos de horário. Muitos casais fazem isso.

REGRA 5

FAÇA MAIS UM ARREMESSO

Michael Jordan é sinônimo de ética profissional. Jordan, o melhor jogador de basquete da história, era o tipo de jogador que se esforçava mais que todos. Quando os outros jogadores se cansavam, ele encontrava energia. Quando alguns se irritavam, ele mantinha o foco. Quando o treino terminava, ele permanecia em quadra para mais alguns arremessos. A sua abordagem para chegar ao topo da empresa não deve ser diferente. Raramente determinado funcionário é a escolha evidente para aquela grande promoção na empresa. Escolhas desse tipo são obscuras e difíceis. Às vezes, a pessoa promovida é simplesmente o candidato menos repreensível. Fazer esse último arremesso pode destacar você de seus concorrentes.

Independentemente de qual seja seu trabalho, dedique-se um pouco mais a cada dia. Termine mais um relatório, telefone para mais um cliente, faça mais uma pergunta.

Hoje em dia, uma linha tênue diferencia os campeões dos perdedores nas empresas. Um pouco mais de esforço fará diferença a seu favor.

Descubra quem chega ao escritório antes de você e quem sai depois. Caminhe pela empresa logo cedo e ao final do expediente. Aqueles que estiverem constantemente trabalhando com mais afinco do que todos os outros estão correndo atrás da recompensa. São eles os seus concorrentes.

Tendo sido presidente de diversas empresas, sempre tive o hábito de caminhar pelos corredores logo cedo e ao final da tarde para ver quem estava produzindo mais. Quando identifico as pessoas que estão alcançando resultados e trabalhando mais que os outros, eu as promovo. Elas são as estrelas da empresa – as peças principais. Quem não gostaria de ter Michael Jordan em seu time?

REGRA 6

FAÇA O QUE FOR PRECISO

James Carville, estrategista político dos Estados Unidos, resumiu perfeitamente, durante sua participação no programa *Tonight Show with Jay Leno*, o que é preciso para ter sucesso em uma equipe vencedora.

Carville explicou a Leno que, quando está entrevistando um candidato, se este diz que não bajularia ninguém para subir na carreira, a entrevista termina ali. Ele quer pessoas em sua equipe que estejam preparadas para fazer o que for preciso para vencer.

Para ter sucesso, você com frequência precisa ser um camaleão. Isso não significa ser desonesto ou falso, mas encontrar uma maneira legítima de atingir suas metas. Às vezes, você precisa fazer coisas com as quais não se sente confortável ou que não são naturais para você. Relaxe e vá em frente. Não comprometa seus valores, mas encontre um modo de vencer.

Se não conseguir ter total comprometimento com o sucesso, você não vai chegar ao topo. Muitas outras pessoas – seus concorrentes – têm esse desejo e a motivação necessária para isso. Procure em si mesmo, lá no fundo, e veja se você também tem.

Um amigo meu, Andrew Michael, trabalha na área de moda. Ele me contou que, certa vez, estava desesperado para conhecer Dawn Robertson, então nova diretora administrativa de uma importante rede de lojas de departamento. Frustrado após diversas tentativas, ele telefonou para a assistente dela e literalmente implorou por uma reunião, mas não obteve sucesso. Então, perguntou à assistente quando seria a próxima viagem de Daw e disse: "Não importa quando nem para onde, só pergunte se posso me sentar ao lado dela". Eles voaram juntos para Brisbane, na Austrália, e o resto é história. Dawn achou Andrew um maluco, mas gostou da persistência dele. Ambos riem dessa história hoje e continuam trabalhando juntos. Um voo a lugar nenhum pode levar a algum lugar!

REGRA 7

SEJA SIMPÁTICO

No mundo dos negócios, você está sempre vendendo – às vezes aos clientes externos, às vezes aos funcionários. Quando sair de casa pela manhã, ative sua simpatia. Seja animado, feliz, sorridente, interessante e solícito.

Pessoas bem-sucedidas vendem a si mesmas a cada minuto de cada dia. Isso não quer dizer que você deva passar a imagem de um vendedor ardiloso, cheio de artimanhas e falso. O truque é simplesmente ser sincero *e* simpático. Não é algo terrivelmente difícil de fazer – deve acontecer naturalmente.

REGRA 8

ENCONTRE BONS CHEFES

Observe atentamente o escalão acima de você e tente encontrar um ótimo chefe para quem trabalhar. Não é muito diferente de quando você frequentava o colégio ou a faculdade. Pense no passado. Havia professores excelentes e outros medianos. Com quem você mais aprendeu? Quem tornou seu aprendizado divertido? O mesmo acontece dentro da empresa.

Certa vez, tive a sorte de trabalhar para um chefe absolutamente incrível. Ele me ofereceu o cargo de presidente da ACNielsen Canadá, o que na época era uma grande posição para mim. O nome dele era Maury Pagés, um cavalheiro em todos os sentidos. Ele chegou à ACNielsen depois de uma carreira longa e muito bem-sucedida na Pepsi.

O que tornou minha experiência com ele inesquecível foi o fato de ele sempre me fazer sentir confiante e cheio de energia. Era sempre positivo. Ele me deixava fazer o meu trabalho, mas é claro que gritava comigo nos momentos em que era preciso! E sempre estava por perto. Se eu precisasse conversar com ele ao telefone, conseguia. Se precisasse dele no Canadá, ele ia até lá. Se precisasse dele em uma reunião com clientes, mais uma vez lá estava ele. Ele se importava com a minha família, e nós tínhamos em comum a paixão pelo basquete. Fiz de tudo por aquele homem. Nunca trabalhei tanto e nunca fui tão feliz.

Bons chefes são difíceis de encontrar, mas fazem muita diferença. Se puder escolher, opte pelo melhor chefe.

REGRA 9

RESPEITE SEU CHEFE

Seu chefe é seu vale-refeição, e você deve tratá-lo com respeito. Deve ajudá-lo a ter sucesso e a se destacar.

O respeito pelo chefe precisa ser sincero. Qualquer sinal de desrespeito será visto pelos outros como uma afronta. Você contrataria ou promoveria alguém capaz de fazer afrontas? Não, pois teria de ficar de olhos bem abertos o tempo todo.

Isso pode parecer óbvio, mas acontece o tempo todo nas empresas, e o resultado é sempre o mesmo – o chefe vence, o funcionário que o afrontou perde. Se o funcionário tiver sorte, pode ser transferido para outro departamento com um novo chefe. Do contrário, pode passar a ser malvisto na empresa ou, pior, ser demitido.

Nunca deixe de demonstrar um nível saudável de respeito pelo chefe.

REGRA 10

ADORE SEU CHEFE

Existem chefes de todos os tamanhos, formas e sabores. De alguns você vai gostar e de outros nem tanto, mas isso é irrelevante. Eles são o meio para subir na empresa, e sem o apoio deles você fica estagnado.

Sempre mantenha a calma e o controle com seus superiores. Nunca esconda nenhuma informação. Exceto na época do Natal, chefes detestam surpresas. Surpresas nos negócios podem ser desastrosas. Fazem os chefes parecerem desinformados e sem controle da situação.

Se você acha que algo ruim está para acontecer, conte a seu superior. Diga as coisas com cuidado, mas não esconda nada. Situações ruins podem ser enfrentadas de modo muito eficiente, seja em uma empresa grande ou pequena, com um pouco de planejamento. Evite crises a qualquer custo.

Dê conselhos a seu chefe de modo educado e respeitoso. Não tente invadir o território dele. Se você for sincero com ele, geralmente ele fará o mesmo com você. O chefe tem informações das quais você vai precisar para ter sucesso, e se ele quiser puxar seu tapete... é bem provável que consiga.

A maneira mais rápida de progredir é fazer com que seu chefe seja promovido. Deixe-o em posição de destaque sempre que puder. Faça sugestões amigáveis quando perceber que as coisas não estão muito boas. Abra caminho para o sucesso do chefe, porque o sucesso dele também pode ser *seu*.

Lembre-se – seu chefe conversa com o chefe dele sobre a *sua* carreira e o *seu* progresso. Algumas palavras bem escolhidas ditas por ele podem levar você adiante ou interromper bruscamente seu avanço.

A pessoa mais importante de sua carreira é seu chefe – nunca se esqueça disso.

REGRA 11
NÃO DÁ PARA GANHAR DO CHEFE

Uma maneira muito rápida de acabar com a sua carreira é arrumar briga com o chefe. Trata-se de uma disputa que você não pode vencer em nenhuma circunstância, então para que perder tempo?

Você só pode argumentar com seu superior até determinado ponto, antes de a argumentação virar uma discussão acalorada e depois uma briga. Se vocês levarem as coisas além disso, trocarão ataques verbais e, mesmo que tudo acabe bem, acredite – seu chefe nunca vai esquecer.

As pessoas discordam o tempo todo no trabalho. O desacordo e o debate são exercícios saudáveis que geralmente ajudam as empresas e as pessoas a tomar decisões corretas. Aceite o fato de que você terá muitos desacordos com o chefe durante sua carreira. Troque opiniões quanto quiser, mas não deixe o debate se transformar em briga. Depois de passar do limite, não dá para voltar – mesmo que você tenha razão. Você será visto como imaturo e desrespeitoso, além de desleal e não confiável. Explosões e ataques emocionais são tabus no mundo corporativo. Se perder o controle, você vai acabar com a sua carreira.

Aprenda a ceder – ou melhor, a aceitar as decisões do chefe. Ele sempre vai falar mais alto que você. Não há problema algum em expressar seus pontos de vista, mas aceite a última palavra dele e siga em frente. Você vai continuar se esforçando e talvez um dia seja o chefe.

Perceba também a "elasticidade emocional" de seu superior. Em termos simples, até que ponto você pode esticá-lo antes que ele "estoure"?

Alguns anos atrás, observei horrorizado, durante uma reunião, uma colega brigar com o chefe. Havia sete ou oito pessoas na sala, e a discussão entre eles ficava cada vez mais acalorada. Tentamos intervir, mas não adiantou. Por fim, o chefe explodiu e gritou com a funcionária, que gritou de volta. Até aquele ponto, a discussão parecia banal, mas de repente a tensão na sala ficou insuportável. A carreira dela na empresa terminou ali. Ela foi passada para a supervisão de outro chefe, mas passou a ser considerada "mercadoria avariada". Por fim, pediu demissão e teve de recomeçar em outro lugar. Conversei com ela recentemente e lhe perguntei sobre a briga. Olhando para trás, ela admitiu que havia sido burra – o assunto era pequeno no contexto geral e ela nunca deveria ter deixado a briga ocorrer. Ela se arrependia profundamente pelo incidente e continuava claramente chateada com o que havia acontecido aquele dia.

Não compre uma briga que você simplesmente não pode vencer.

REGRA 12
CONHEÇA SEU CHEFE

Qual é a melhor maneira de manter seu chefe informado? Você deveria saber a resposta a essa pergunta. Cada chefe é único e reage a determinadas coisas de modo diferente.

Se tenho um assunto importante a tratar com meu chefe, será que ele prefere um breve relatório, um telefonema, um *e-mail* – talvez até uma mensagem pelo celular –, ou uma combinação desses meios? Se você não sabe, descubra. A primeira regra para se comunicar de maneira eficiente com seu chefe é: dê o que ele quer.

Quanto você sabe sobre seu chefe? Está dando a ele o que ele deseja?

Não consigo manter a atenção na mesma coisa por muito tempo, por isso, se meus colegas querem algo de mim, precisam ir direto ao ponto, com rapidez. Isso inclui conversas, apresentações, *e-mails* e mensagens de voz. Não tenho conhecimento técnico, por isso eles precisam explicar em termos compreensíveis qualquer assunto que envolva tecnologia. Detesto receber telefonemas aos fins de semana. Odeio viajar aos domingos. Não gosto de comer peixe. Não gosto de jantar tarde. Não caibo em carros pequenos.

O que estou querendo dizer é que você precisa reunir o máximo de informações a respeito de seu chefe e fazer as coisas de modo que o deixe mais confortável. Isso é algo inteligente a fazer. Trate seu chefe como trataria um cliente importante. Conquiste-o todos os dias e em todas as reuniões. Se não fizer isso, outra pessoa fará.

REGRA 13

PREPARE SEU CHEFE ANTES DE UMA APRESENTAÇÃO

Ao progredir na empresa, você vai descobrir que, cada vez mais, uma parte importante de seu trabalho será se comunicar – e frequentemente com grupos grandes. A maioria das vezes, porém, seu chefe é quem vai fazer enormes apresentações de projetos sobre os quais você sabe mais que ele.

Cuide para que ele receba todas as informações antes de fazer uma apresentação. No mínimo, encontre uma maneira de conversar com ele por dez minutos, para poder destacar qualquer coisa que precise ser enfatizada ou evitada – e explique o motivo. Lembre-o de reconhecer as conquistas recentes da equipe também (essa é uma ótima maneira de se promover discretamente). Se seu chefe estiver bem-informado, vai se sair melhor, o que vai fazer com que *você* também seja bem-visto.

Pode ser um momento embaraçoso quando o chefe pergunta se alguém tem alguma dúvida ou observação ao fim da apresentação e ninguém se manifesta. Você quer que a plateia se envolva e que seu chefe se sinta bem. Converse com um gerente antes da palestra e peça a ele que lhe faça o favor de erguer a mão na hora de fazer perguntas. Não há problema algum em arranjar antecipadamente uma ou duas perguntas para quebrar o gelo. Isso vai ajudar a todos.

REGRA 14

GANHE A SIMPATIA DO CÔNJUGE DO CHEFE

Nunca subestime a importância de ganhar a simpatia do cônjuge ou parceiro de seu chefe. Essa pessoa pode ser tão fatal para sua carreira quanto seu maior inimigo.

Você certamente terá algumas oportunidades de interagir com o cônjuge de seu superior e deve sempre causar boa impressão. Um bom resultado é bom, um resultado neutro é razoável, e um resultado ruim é a certeza de que a pessoa vai falar mal de você no caminho de volta para casa.

Passe a imagem adequada. Mantenha o profissionalismo e seja gentil e simpático. Tente evitar conversar sobre o trabalho sempre que possível. Não confronte a pessoa de maneira alguma. Se perceber que as coisas não estão indo tão bem quanto gostaria, peça licença e saia de perto. Lembre-se: um resultado neutro é razoável!

Conheço esta regra muito bem, porque minha esposa sempre faz comentários no carro, quando estamos voltando para casa depois de algum evento de trabalho. Para dizer a verdade, gosto muito disso. Ela sabe analisar bem as pessoas e, ao longo dos anos, escutei de tudo – ele estava bêbado, ela foi grosseira, ele está tendo um caso, ele esqueceu meu nome... a lista é interminável. Trate o cônjuge de seu chefe como trataria um executivo do alto escalão. Esteja preparado e comporte-se da melhor maneira.

REGRA 15
VISTA-SE DE ACORDO COM O CARGO

Amanhã, antes de sair para trabalhar, analise sua imagem no espelho e pergunte se está parecendo um executivo. Se sua resposta for "Não", ou "Não tenho certeza", ou – Deus lhe ajude – "Não me importo com isso, porque ninguém progride na carreira por causa da aparência", você tem um problema que deve decidir superar.

A maneira de se vestir é uma oportunidade de enviar uma mensagem clara àqueles que vão julgar sua habilidade de "subir". Se você não se vestir de acordo com o cargo, não vai conseguir chegar até ele. Vestir-se para trabalhar se tornou mais complexo com o surgimento das roupas casuais de trabalho. Agora você precisa de um guarda-roupa informal e de um formal. Considere suas roupas um investimento muito necessário. Invista nas marcas certas – esteja *sempre* elegante. Vista-se melhor que as outras pessoas e, acima de tudo, use azul-marinho. Homem ou mulher, você deve ter pelo menos um excelente terno dessa cor, da mais alta qualidade, para usar com camisa branca e sapatos que combinem. Isso é o que você deve vestir nas reuniões com o alto escalão. As impressões visuais são duradouras. Acerte na mosca.

Agora, uma confissão constrangedora. No início de minha carreira, eu sofria um pouco quando o assunto era o que vestir. É claro que eu não percebia isso na época, mas tive a sorte de ter um chefe que, nada sutilmente, me colocou nos eixos. Ele me chamou ao escritório dele e pediu que eu me sentasse. Havia um excelente catálogo de roupas aberto em cima da mesa. Ele ligou o viva-voz do telefone e comprou seis ternos. Ao terminar, inclinou-se para mim e disse: "Você deveria comprar este azul". Sem querer ofendê-lo, obedeci. Na época, levando em conta meu salário, foi um grande investimento. Cerca de uma hora depois, caí na real – o fato de ele ter me chamado em sua sala enquanto comprava ternos não foi coincidência. Foi uma mensagem clara. Eu estava vestindo a roupa errada!

A propósito, hoje ele é o melhor recrutador de executivos dos Estados Unidos e seu nome é John O'Keefe. Obrigado, John!

REGRA 16
DÊ OS TOQUES FINAIS

Você pode tomar algumas atitudes simples para melhorar sua aparência. Use um relógio de pulso de qualidade (isso não será barato). Compre um clássico, com pulseira dourada e prateada, que combine com qualquer cinto ou sapato. Assim como acontece com carros, é possível encontrar relógios usados mais baratos, que estejam dentro de qualquer orçamento.

A segunda medida que você pode tomar é ter uma boa caneta. Compre uma Waterman ou uma Montblanc em uma joalheria. A caneta talvez seja um pouco cara, mas o ajudará a conquistar uma imagem muito melhor.

Para os rapazes, a dica é comprar abotoaduras elegantes para usar nas reuniões mais importantes. Sempre vista um cinto de marca e tome cuidado para que ele combine com os sapatos. Sapatos pretos, cinto preto. Sapatos marrons, cinto marrom. Se você usar sapatos pretos com cinto marrom, certamente prejudicará sua aparência. Você não tem ideia da quantidade de pessoas que fazem a combinação errada todos os dias. Eu fico *louco* com isso.

REGRA 17

TORNE-SE UM VENCEDOR MAGRO E ESBELTO

Se você está acima do peso, faça uma dieta. O mundo corporativo está repleto de pessoas obesas. Muitas vezes, uma pessoa que está acima do peso é vista como alguém que não consegue se controlar. Você até pode superar isso com seus conhecimentos, mas para que se arriscar?

Analise sua aparência diante do espelho e veja se precisa de alguma mudança. Procure ajuda profissional – há muitos recursos disponíveis. Dessa forma, você terá uma aparência mais agradável, se sentirá melhor e sua imagem será muito mais atraente.

Há muitos anos, um de meus colegas – cuja identidade será preservada aqui – procurou-me para pedir alguns conselhos. Ele estava frustrado porque lhe haviam sido negadas pelo menos duas chances de promoção, as quais ele provavelmente merecia. Sem querer ofendê-lo, perguntei se ele realmente queria minha opinião sincera. Ele disse que sim. Então expliquei que parte do problema estava na maneira como ele vinha se apresentando. Disse-lhe que ele estava pelo menos vinte quilos acima do peso e que isso passava a imagem de uma pessoa relapsa. Também comentei que nosso chefe era um aficionado por saúde, que frequentava a academia todos os dias e fazia questão de dizer isso aos funcionários. "Você não está dando a ele o que ele deseja", eu disse.

Meu colega escutou com atenção e concordou comigo. No entanto, não fez nenhuma mudança. Perdeu outras duas chances de promoção e acabou deixando a empresa. Ele certamente tinha toda a habilidade necessária, mas não tinha a vontade nem a determinação de tentar superar o excesso de peso – e sofreu por causa disso.

A obesidade está se tornando um dos maiores problemas de saúde em muitos países desenvolvidos e, provavelmente, será um problema ainda maior no futuro, mas você não precisa fazer parte disso. Honestamente, não acredito que muitas pessoas perderão peso pelo bem da carreira. Mas acredito que devem perder peso porque *elas* querem. Além disso, para ser bem-sucedido, não basta apenas fazer uma dieta. É preciso se comprometer a realizar uma mudança permanente em sua vida, caso contrário nunca sairá do lugar.

REGRA 18
DIGA NÃO À BARBA

Sejamos curtos e grossos: na maioria das empresas listadas no *ranking Fortune 1000*, não há lugar para a barba. Se quiser mantê-la, o risco é seu – mas a deixe sempre bem aparada.

Nas grandes empresas, os CEOs devem projetar uma imagem confiante e limpa. Pode ser que haja um elemento freudiano ligado a isso – ao esconder-se atrás da barba –, mas a verdade é que a maioria dos executivos bem-sucedidos não tem barba. Siga a maioria e faça a barba.

Obviamente, isso não é um problema para as mulheres, mas elas não escapam do princípio geral. Portanto, mantenha os cabelos sempre arrumados e *nunca* cubra o rosto. Se você vai à academia de manhã, arrume os cabelos antes de chegar ao trabalho. Não apareça com os fios molhados ou despenteados, pois isso transmite uma imagem de descuido e de falta de profissionalismo. Cuide-se para estar com uma boa aparência ao chegar ao escritório.

REGRA 19
DIRIJA UM BOM CARRO

As aparências são importantes no mundo corporativo. O carro que você tem é um sinal visual, assim como as roupas que veste.

Se você dirigir um carro barato, vai passar a imagem de uma pessoa com poucos recursos. Se dirigir um carro descuidado, passará a imagem de uma pessoa relapsa. Se tiver um carro barato, todo descuidado e, além disso, com uma cor feia, esqueça a chance de chegar ao topo.

Você não precisa ter um carro luxuoso ou extremamente caro para projetar a imagem de uma pessoa poderosa. Seja esperto. Certos carros passam uma imagem de prestígio. Se puder comprar um carro novo, alguns fabricantes produzem uma grande variedade de modelos que passam uma boa imagem e cabem em todos os bolsos. A verdade é que você não precisa dirigir um *top* de linha, pois a imagem vem da marca, não do modelo.

Mas e se você não puder comprar carros das marcas mais prestidiadas? Seja criativo. Já vi muitos executivos em ascensão, com salários não tão elevados, comprarem uma Mercedes de modelo mais antigo. Esses carros podem ser adquiridos com facilidade. Nesse caso, a imagem que você vai transmitir será de alguém que gosta de clássicos, e não de alguém que não tem dinheiro.

Está fora de cogitação dirigir uma minivan, uma caminhonete, um jipe ou um carro barato. Dirija um sedã. A imagem realmente tem importância.

REGRA 20

MANTENHA SEU CARRO LIMPO

No início de minha carreira, trabalhei em uma grande empresa que disponibilizava carros aos executivos, com a condição de que os mantivessem limpos e em bom estado de conservação. Eu errei uma vez, apenas uma, e fui repreendido por meu chefe.

E ele tinha razão. O chefe me lembrou que o carro da empresa era propriedade dela e que eu tinha a obrigação de cuidar dele. Também me disse que era inadmissível permitir que o superior ou os clientes entrassem em um carro que não estivesse perfeitamente limpo. Caso contrário, ele dizia, eu estaria promovendo a imagem de relapso, e a empresa não queria isso – e eu também não. Lição aprendida. Nunca mais aconteceu.

O carro que você dirige deve estar sempre limpo, porque você nunca sabe quando vai precisar dele ou quem vai entrar nele com você. O chão deve ser sempre limpo com um aspirador de pó. E não se esqueça de manter o tanque de combustível cheio. Não gosto quando estou no carro de alguém e temos de parar para abastecer. Isso desperdiça meu tempo e me passa a impressão de que a pessoa não sabe planejar. Perde pontos comigo.

Lave seu carro e mantenha-o sempre limpo.

REGRA 21
SORRIA, É CONTAGIOSO

Sorria sempre que puder! O sorriso é contagioso. O riso é contagioso. É por isso que os maiores estúdios de Hollywood adicionam vinhetas com risadas nos filmes.

Durante entrevistas com candidatos a funcionários, sempre procuro perceber se eles sorriem. A linguagem corporal pode revelar muitas coisas sobre eles, tanto quanto o que é dito. A energia que transmitem durante a entrevista costuma ser um indicativo de como serão quando passarem a trabalhar na empresa. Conforme menciono em outras partes deste livro, existem muitas pessoas habilidosas no mundo. Eu quero felicidade, energia *e* as habilidades certas.

Bons líderes sorriem o tempo todo, e o sorriso é bem-vindo em todas as empresas. As pessoas percebem e respeitam aqueles que são confiantes e possuem o controle da situação. Você ganha mais com uma força de trabalho feliz do que com uma infeliz. Os detalhes sempre fazem a diferença, e a coisa mais fácil do mundo é sorrir.

REGRA 22
ALIMENTE-SE BEM

Há pouco tempo comecei a me alimentar melhor. Ainda não tenho uma alimentação perfeita – e nunca terei –, mas não podemos negar os benefícios de uma dieta balanceada. A vida precisa ser aproveitada ao máximo, e você só precisa estabelecer um equilíbrio. Posso comer um hambúrguer de vez em quando se, nas demais refeições, ingerir frutas, legumes, verduras e outros alimentos com baixo teor calórico. Tente comer de modo sensato *na maior parte do tempo*. Isso é importante, por isso invista um tempo em leituras sobre o assunto. Converse com seu médico ou nutricionista. Vale a pena gastar um pouco de dinheiro para conseguir conselhos profissionais sobre como criar um plano alimentar. Lembre-se de anotar seus objetivos – logo você perceberá os resultados.

As viagens requerem um cuidado a mais. A comida servida nos aviões é péssima. Algumas pessoas levam seus próprios lanches, mais saudáveis, o que é uma ótima ideia. Além disso, o tempo – ou a falta dele – é um grande inimigo fora de casa, o que muitas vezes nos leva a optar por *fast-food*. Portanto, tenha consciência do que está comendo e analise se está se alimentando razoavelmente bem. Se não souber, você pode ter um problema que precisa ser solucionado com melhores informações.

Quando não me alimento de maneira adequada, meus níveis de energia caem e o trabalho fica mais difícil. Por isso, limito a quantidade de comida e os tipos de alimentos que ingiro para manter meu peso de aproximadamente 93 quilos – para 1,98 metro de altura. Não sou fã de dietas, não acho saudável perder muito peso e voltar a ganhar o que foi perdido quando a dieta terminar. É melhor chegar aos poucos ao peso adequado e trabalhar para mantê-lo. Não é muito difícil comer de maneira correta, por isso não invente desculpas esfarrapadas.

Lembre-se de que o alimento é um combustível. O combustível é um elemento de desempenho. Combustível ruim significa desempenho ruim.

REGRA 23
MEXA-SE

Eu me exercito três vezes por semana, sem falta. Não importa o tipo de exercício, desde que eu transpire por 45 minutos.

Ao praticar exercícios, você se sentirá menos estressado e menos tenso. Se você viaja muito, quase todos os hotéis possuem academia à sua disposição. Se tem mais energia de manhã, faça exercícios nesse horário. Eu não sou esse tipo de pessoa, por isso me exercito à noite. Encare a atividade física como um compromisso inadiável. Inclua-a em sua agenda e tenha orgulho disso. Chame um colega para se exercitar com você – ter companhia vai mantê-lo motivado.

Para mim, as duas maneiras mais simples de me exercitar são corrida e caminhada. Só preciso de um *shorts*, uma camiseta e um par de tênis. Quando possível, posso me exercitar a qualquer momento e em qualquer local. Converse com seu médico ou visite uma academia para descobrir que programa de exercícios será melhor para você.

As atividades físicas não são divertidas até você entrar em forma, por isso seja paciente. Depois de estabelecer uma rotina regular, você dormirá melhor e terá um desempenho diário mais eficaz. Terá energia quando as outras pessoas se cansarem, ficará alegre quando elas estiverem irritadas e terá uma aparência melhor.

O melhor conselho que recebi para manter a forma foi dado nos primeiros dias de trabalho em uma empresa que insistia que todos os funcionários passassem por um exame físico. Depois de realizar meu exame – fui aprovado, a propósito –, o médico idoso me disse: "Filho, quero que me prometa duas coisas. Em primeiro lugar, sempre suba pelas escadas, nunca pelo elevador. Em segundo lugar, sempre estacione seu carro em uma vaga distante da entrada". Prometi e cumpri minha palavra. Pense nas atitudes mais simples que você pode tomar para melhorar sua rotina de exercícios. Tudo ajuda.

REGRA 24
NÃO SE TORNE UM "NOVO-RICO"

Minha esposa, Sarah, utiliza o termo "novo-rico" para caracterizar os executivos que estão começando a ter uma condição financeira melhor conforme avançam na carreira. O que ela quer dizer não é que eles ganham tanto assim, mas que se vangloriam, falando constantemente de dinheiro e gastando-o em coisas que demonstram sucesso ao mundo exterior, como casas enormes, casas de veraneio e coisas do tipo.

Por outro lado, o termo "velho rico" descreve as pessoas ricas que são discretas em seu sucesso e nunca contam vantagem em relação a suas conquistas. São os conquistadores confiantes, que os outros passam a admirar e a seguir. Todos sabem que eles têm dinheiro, mas com estilo e elegância.

Não seja um "novo-rico". As pessoas não só percebem isso, como também ficam ressentidas. Você pode parecer arrogante, perder o apoio dos outros e afastar aqueles que não têm tanta sorte – e, geralmente, são essas as pessoas de que você precisa para ter sucesso.

Não há problema em adquirir certos bens, como boas roupas e um bom carro, necessários para o sucesso nos negócios – mas não os ostente. Ter uma casa de veraneio é ótimo, mas é necessário que o mundo todo saiba de sua existência? Não.

Aqui vai uma dica: se você gosta de se gabar, dedique um tempo para trabalhar como voluntário em um hospital ou se torne técnico de uma equipe esportiva. É sobre isso que os "velhos ricos" falam... no caminho para o banco!

REGRA 25

TORNE-SE UM ESPECIALISTA

Pense em seu trabalho e encontre uma ou duas áreas das quais você poderia tirar vantagem adquirindo mais conhecimentos. Em seguida, leia tudo que puder sobre o assunto e obtenha o máximo possível de informações.

Anos atrás, aceitei uma proposta de trabalho em uma empresa que estava tentando lançar um programa de fidelidade de clientes por meio da criação de um cartão. Por ser novo na empresa, fiquei em silêncio em uma reunião entre diversos departamentos, ouvindo as pessoas dizerem o que funcionaria e o que não funcionaria. Não tinha certeza do que era realidade ou hipótese, mas percebi que o melhor a fazer seria descobrir o que tinha dado certo ou não no passado.

Depois daquela reunião, minha equipe e eu passamos dois dias analisando a fundo todas as informações que poderíamos encontrar sobre programas de fidelidade espalhados pelo mundo todo. Na reunião seguinte, eu sabia mais que qualquer pessoa daquela sala. Ninguém poderia me enganar. Aqueles dois dias de "investimentos" foram divertidos para mim e ótimos para a empresa.

É gratificante (e divertido) entrar em uma reunião como um especialista. Você surpreenderá sua plateia, e a "estrela" de sua carreira brilhará com mais intensidade.

REGRA 26
LEIA LIVROS

Um homem sábio certa vez me disse que é fácil se tornar especialista em quase todos os assuntos. Ele me falou que só é preciso ler cinco livros a respeito de determinado assunto e pronto, você saberá tudo. De modo geral, é um bom conselho, apesar de simples.

Ótimas coisas são escritas e ditas todos os dias. O desafio é, antes de mais nada, descobri-las e, depois, absorvê-las. Vá a uma livraria duas vezes por mês e compre alguns livros de autores renomados, professores ou líderes de negócios. Esses livros sempre estão repletos de ideias que você pode aplicar à sua vida e à sua empresa. Mesmo que não concorde com todas as afirmações do texto, tal processo, no mínimo, o forçará a abrir a mente para algo diferente. Procure pelo ouro.

Se estivesse tentando descobrir o que ler, eu me concentraria em qualquer coisa voltada a negócios que apareça na lista de *best-sellers* do *New York Times* ou de jornais nacionais. Gosto de ler textos de autores que comandam ou já comandaram grandes empresas: Jack Welch, por exemplo, ex-presidente e CEO da General Electric. Ler a respeito de alguém que dirigiu uma empresa grande e competitiva de modo bem-sucedido é simplesmente mágico − é possível aprender *muito*.

A maioria dos CEOs leem muitos livros, porque estão sempre em busca da próxima grande tendência ou da próxima grande ideia. Eles não chegaram ao topo apenas por seus belos olhos!

REGRA 27
FAÇA UM MBA

Não fiz MBA, mas gostaria de ter feito. O motivo é muito simples: trata-se de um diferencial – você ganha um ponto extra, além de aumentar suas chances de ser contratado por uma grande empresa. Não fique deprimido se não tiver ou não puder fazer um. Você ainda pode ser bem-sucedido sem ele, mas certamente será mais fácil com ele. Em geral, a pergunta "Ele/ela tem MBA?" surge na hora de uma promoção. Se dois candidatos competindo por um emprego são iguais no talento e na experiência, mas um deles possui MBA, este ganhará a vaga.

Os MBAs da maioria das instituições de prestígio são divulgados dentro de muitas empresas. Poder dizer que você é "formado no MBA de Harvard" passa uma imagem de grande inteligência e aprendizado que um líder esperto consegue capitalizar na empresa.

Provavelmente, é melhor ter alguns anos de experiência de trabalho antes de começar a estudar para o seu MBA, mas o mais importante é consegui-lo de qualquer modo e na melhor instituição que puder.

Não deixe a falta de dinheiro impedi-lo de conseguir um MBA. Muitas empresas subsidiam a educação continuada para seus funcionários. Converse com seu chefe e veja se sua empresa gostaria de ajudá-lo de alguma forma. Quando eu trabalhava em Boston, tinha uma funcionária muito inteligente e determinada, que me abordou com uma apresentação muito detalhada a respeito dos motivos pelos quais a empresa deveria financiar seu MBA. Não fazia parte da política da empresa tal incentivo, mas fiquei impressionado.

Por isso, levei a proposta dela adiante e a empresa acabou aprovando-a. Tive certeza de que tanto ela quanto a empresa sairiam ganhando.

Não tenha medo de pedir. Você também pode pensar em estender a duração e os custos para a obtenção do MBA. Não importa se vai demorar dois ou cinco anos – pare de inventar desculpas e comece já. A propósito, já existem MBAs *on-line*.

REGRA 28

ESCREVA BEM

Aprendi a escrever bem na universidade e agora considero essa habilidade um dom. A comunicação escrita é muito importante, tanto quanto a comunicação pessoal.

Percebi isso aos 26 anos. Naquela época, eu era executivo de contas na ACNielsen, em Nova York. Estávamos tentando fechar um grande contrato com uma importante empresa de bens de consumo. Fiquei sabendo que o CEO de nossa matriz era conhecido do presidente da empresa com a qual estávamos tentando fechar o acordo. Com a permissão de meu chefe, enviei ao CEO uma carta de uma página, cuidadosamente redigida, resumindo a situação e pedindo sua ajuda.

Morrendo de medo, enviei a carta ao escritório dele. Duas horas depois, ele me telefonou e pediu que eu fosse – imediatamente – a seu escritório. Corri pelos cinco quarteirões, tomado por uma mistura de medo e excitação. Quando cheguei, fui conduzido ao seu pomposo escritório. Ele apertou minha mão e disse que aquela era a melhor carta que já havia recebido. Lembro-me de ele ter dito: "É simples, e eu entendi". Ele fez algumas perguntas, dispensou-me, telefonou para a empresa com a qual tentávamos um acordo e conseguimos fechar negócio!

O importante é ser esperto com cartas e *e-mails*. Organize e estruture sua mensagem. Regra: se não puder dizer em uma página o que pretende dizer, provavelmente não vale a pena dizer nada – e você pode causar mais danos do que benefícios com isso. Apresente os fatos e cuide para que o leitor compreenda exatamente o que você quer dizer e o que precisa fazer.

E sim, eu elogiei a contribuição desse CEO em todos os discursos que fiz sobre a venda. Não sou bobo. Sempre me pergunto o que ele disse sobre sua contribuição ao chefe dele... o conselho de diretores. Aposto que sei!

REGRA 29

CONHEÇA OS NÚMEROS

Se você não é formado na área de exatas, como eu (sem MBA), admita que precisa de ajuda com números! Você *tem* que aprender a ler e a compreender relatórios financeiros básicos, muito comuns nas empresas. Esses relatórios são as informações mais importantes que os CEOs leem todos os meses.

Existe um velho ditado que diz que "os números não mentem" – e não mentem mesmo! Os executivos precisam conhecê-los de cor. Você deve sempre estar pronto para responder perguntas ou para defender sua opinião por meio dos números.

Se precisar de ajuda, peça. Não é complicado, e é essencial para o seu sucesso. Essa é uma área que causa problemas para CEOs e executivos preguiçosos demais para procurar ou descobrir os fatos, ou burros demais para reconhecer a própria fraqueza em compreender as finanças.

Veja os colapsos empresariais recentes que ocorreram pelo mundo. Em muitos casos, as pessoas no comando dizem que não sabiam que havia um problema. Todas as pistas estavam nos números, mas ninguém prestou atenção.

Essa não é uma área que você pode ignorar – é essencial para a sua carreira.

REGRA 30
SEJA INTERESSANTE

As pessoas não costumam promover indivíduos de quem não gostam. Costumam promover aqueles que obtêm resultados *e* de quem elas gostam.

Para alguns, é difícil agradar aos outros, mas há aqueles que não têm dificuldade com isso. Sempre tive facilidade nesse aspecto e atribuo essa habilidade ao fato de eu ter muitas áreas de interesse. O mundo corporativo, infelizmente, ainda é em grande parte dominado por homens (isso está mudando, mas lentamente). Muitos homens em posição de chefia são apaixonados por esportes. As mulheres não costumam adorar esportes e dividir esse interesse com outras – estou generalizando, é claro –, e isso pode fazer com que fiquem de fora de algumas conversas. Pode não parecer justo, e não estou dizendo que é, mas certamente é o que costuma acontecer. Você não precisa se tornar um especialista, mas pelo menos leia a primeira página do caderno de esportes para saber o bastante para participar de conversas sobre o assunto.

Ser interessante não costuma exigir grandes conhecimentos a respeito de determinado assunto. A solução é simples: leia, leia, leia. Reserve um tempo para isso. Vale a pena.

Eu leio cinco jornais e pelo menos uma revista por dia. Leia os principais veículos impressos, textos relacionados a seu trabalho e outros que não o sejam. Leia matérias completas e apenas passe os olhos por outras. Você vai ficar surpreso com a quantidade de informações que conseguirá reter em pouco tempo. Além disso, você vai se tornar muito mais interessante!

Assista à televisão. Não tolero pessoas que dizem que detestam televisão. Que bobagem! A TV está sempre repleta de informações e entretenimento. No trabalho, as pessoas falam sobre ela, e, se você não souber do que se trata, não conseguirá participar de algumas conversas. O mesmo pode ser dito a respeito de escutar o rádio e navegar pela Internet. Além de tudo, é divertido. Esforce-se para ser interessante.

REGRA 31
ALCANCE A FAMA

A importância de ser notado nunca deve ser subestimada. Destacar-se da multidão é realmente difícil, exige bom planejamento e, muitas vezes, um pouco de sorte.

A maneira mais rápida de alcançar a fama é envolver-se com pessoas que também são notadas. Estas sempre estão com outros indivíduos que se destacam. O truque é encontrar uma maneira de entrar nesse círculo de relacionamentos.

Olhe ao redor e pense nas possibilidades disponíveis. Envolva-se na Câmara de Comércio, filie-se a organizações ou associações que tenham relação com sua área de trabalho. Se não conhecer nenhuma, pergunte a seu chefe ou aos colegas. Encontre uma instituição de caridade conhecida e ofereça seu tempo como voluntário, procure entrar para um conselho de administração sem fins lucrativos, caso tenha qualificação para isso. Existem muitas oportunidades por aí – em todos os níveis –, se você realmente estiver disposto a sacrificar seu tempo.

Quando eu vivia em Sidney, mantinha uma relação muito próxima com a Câmara Americana de Comércio (AmCham), organização criada para auxiliar os negócios americanos a prosperar na Austrália – e funciona! Por meio de meu trabalho com a AmCham, conheci centenas de executivos seniores de negócios australianos, além de Bill Clinton, George Bush "pai", muitos embaixadores, o cônsul-geral, além de vários ex-primeiros-ministros da Austrália (ainda estou esperando e tentando encontrar John Howard!). O que quero dizer é que, com um pouco de esforço, você pode melhorar sua popularidade e aumentar seus contatos. A maioria dos países influentes possui uma câmara de comércio em países com os quais fazem muitos negócios – por exemplo, a Câmera Israelense de Comércio é muito forte na Austrália.

Encontre uma maneira de se afiliar a uma empresa ou a um comitê e observe sua lista de contatos aumentar. Você vai gostar da experiência e passará a ser notado pelas pessoas que, de fato, farão diferença em sua carreira. Se ficar sentado esperando que as coisas comecem a acontecer, terá de esperar muito. Gaste trinta minutos, agora mesmo, fazendo uma lista de ideias para ser notado. Depois, descubra uma maneira de fazer essas coisas acontecerem. Converse com seus contatos. Peça ajuda.

Não vai ser tão difícil quanto você imagina. Mostre-se. Seja notado.

REGRA 32
INCENTIVE A EDUCAÇÃO

Incentive constantemente aqueles que trabalham com você a estudar. Acredite: você encontrará muita resistência nesse assunto. Todos se mostram entusiasmados para falar sobre a importância dos treinamentos, mas, quando chega a hora de realizá-los, todos os tipos de desculpas começam a aparecer. Você ouvirá frases como: "Não tenho tempo", "É uma perda de tempo", "Vou fazer da próxima vez" e outras desculpas ainda mais criativas. Ignore-as e diga às pessoas que elas devem entrar em ação.

O treinamento e o estudo tornam as pessoas melhores. Pessoas melhores conseguem resultados melhores. Você é pago para conseguir resultados. Então, é tudo uma questão de lógica!

Eu adoro quando alguém que trabalha para mim pede para fazer um treinamento pessoal. A menos que seja irrelevante para sua função, costumo aprovar, porque quero recompensar a ambição dessa pessoa.

Incentive o treinamento de todas as maneiras. É bom realizar treinamento em sala de aula, mas também é bom participar de almoços de negócios, por exemplo. Novos pensamentos podem surgir em qualquer forma. Diga às pessoas como são importantes o desenvolvimento pessoal e o treinamento para sua organização. Pergunte com frequência aos funcionários o que eles têm feito para aprimorar seus conhecimentos. Peça detalhes específicos e elogie-os pelos esforços extras. Eles logo perceberão que o treinamento não é opcional!

Se você estiver em início de carreira, procurando por novas oportunidades, reserve um momento para fazer uma avaliação honesta de seu conjunto de habilidades. Você sabe escutar? Sabe vender? Constrói relacionamentos rapidamente? É bom na solução de problemas? Todo mundo pode melhorar em alguma área, e não é vergonhoso estudar ou fazer um treinamento necessário para isso. Na verdade, é o oposto. Os chefes e as empresas adoram funcionários que estão tentando se aprimorar profissionalmente. E por que não? Todos ganham!

Identifique uma área que deseja melhorar e depois encontre um curso que combine com sua necessidade. Reúna uma descrição do curso para alcançar seu objetivo e também de todos os custos envolvidos – e escolha datas que não vão interferir na realização de suas tarefas diárias no escritório. Anote tudo e mostre a seu chefe. Se seu pedido for razoável, você terá sucesso.

Mais uma dica: após concluir o curso, reúna-se com seu superior e conte a ele como foi o treinamento, explique-lhe o que aprendeu. Não se esqueça de agradecer pela oportunidade e pelo apoio pessoal. Encontre também uma maneira de incorporar o novo aprendizado para realizar seu trabalho de maneira melhor. Se não puder fazer isso, será perda de tempo e de dinheiro da empresa.

REGRA 33
ENCONTRE UM MENTOR

Todos precisamos de um mentor nos negócios. Trata-se de uma pessoa com a qual você pode conversar sobre qualquer assunto relacionado à sua vida profissional, alguém que pode melhorar suas ideias, colocá-lo no caminho certo quando você errar (isso inevitavelmente acontecerá de vez em quando), alguém que realmente se importa com sua carreira e uma pessoa em quem você pode confiar. Um mentor pode oferecer um porto seguro. Seu mentor deve ser uma pessoa mais velha que você e ter muito mais experiência.

Bob Livingston é meu mentor. Atualmente, ele está quase se aposentando, mas parece estar mais ocupado do que nunca. Bob foi vice-presidente de vendas da Lipton por muitos anos e agora está envolvido em consultoria de *marketing*. Foi meu chefe por pouco tempo na ACNielsen.

É a ele que sempre recorro em busca de conselhos. Confio nele totalmente – sempre diz a verdade, mesmo que isso me chateie. Quando não tenho certeza a respeito de alguma coisa, telefono para ele; outras vezes, entro em contato apenas para conversar. Sempre sei que ele está pronto para me ajudar. Bob já me ajudou a evitar alguns erros, já que tem mais experiência que eu. Também sou mentor de duas pessoas, e gosto muito disso, pois faz com que eu me torne um gestor melhor. É gratificante e divertido ajudar alguém em sua carreira.

Encontre um mentor – todos precisamos de um. Além disso, quando for possível, torne-se um também – às vezes é preciso dar para receber algo em troca.

REGRA 34

FAÇA ALGO AUDACIOSO

Pessoas obstinadas fazem coisas audaciosas e as tornam conhecidas sem se gabar da experiência. Estabeleça uma meta ousada e corra atrás de seu sonho. Faça um treinamento e participe de uma maratona, ou dedique seu tempo a escrever um livro. Estabeleça metas específicas para perder peso ou entrar em forma. Seja voluntário para trabalhar com crianças com deficiência. Escreva uma matéria e envie-a a um jornal ou revista. Meu tio Harold tem 75 anos e há pouco começou a escrever para uma revista de automóveis. Ele não teve nenhum treinamento, apenas decidiu fazer isso e o fez. Você também pode!

Feitos audaciosos costumam ser bastante individualistas e exigem longos períodos de esforço mental e/ou físico. Ao completar uma tarefa com sucesso, você se diferencia das outras pessoas e passa a sentir orgulho e autoconfiança – uma vitalidade renovada.

Nada foi mais ousado para mim do que me sentar para escrever este livro. O tempo e o esforço necessários foram enormes. Mas, quando você completa qualquer tarefa ousada, sente-se tão feliz que de repente o trabalho envolvido parece ter valido a pena.

Outra tarefa audaciosa surgiu para mim em 2003, quando me pediram para apresentar um resumo de quinze minutos para o presidente George W. Bush sobre o estado dos negócios norte-americanos na Austrália. A visita do presidente foi encurtada no último minuto, por isso fui tirado da pauta. *Aquilo sim* teria sido ousado... e assustador.

Encontre uma tarefa audaciosa e corra atrás dela.

REGRA 35

APRENDA A JOGAR GOLFE

O golfe continua sendo o esporte "da moda" entre os executivos do mundo todo. Em quase todas as conferências e reuniões de negócios fora da empresa, você terá meio dia dedicado ao "desenvolvimento da equipe". Essas palavras são um código – e significam "golfe".

Por que o golfe é importante? Você mesmo pode me contar sobre a última vez que teve a chance de se sentar com um cliente ou com um CEO por cinco horas e se divertir. Não existe melhor maneira de, em um curto período, conhecer alguém ou mostrar um pouco de si às outras pessoas. E espere pelos prêmios mais tarde, no mesmo dia. Tapinhas nas costas, comentários divertidos, risos. Se quiser fazer parte disso, mostre-se! É fácil. Vá para um campo e comece a dar algumas tacadas nas bolinhas brancas.

O golfe pode ser um bom exemplo de uma tarefa audaciosa (veja a Regra 34). Comece e prepare-se para dois anos de sofrimento enquanto aprende a jogar (precisei desse tempo para aprender). Não importa, apenas comece. Se estabelecer expectativas realistas, você pode superar o embaraço de balançar o taco e errar ou de lançar a bola para fora do campo

REGRA 36

SEJA UM PROPRIETÁRIO

Em muitas empresas, você poderá ouvir os líderes classificarem os funcionários como "locatários" ou "proprietários". São títulos estranhos, talvez, mas uma maneira eficiente de descrever determinados comportamentos entre diferentes grupos de pessoas.

Você certamente não gostaria de ser classificado como locatário. Por quê? São pessoas que alugam coisas que não lhes pertencem. O exemplo mais clássico disso é o aluguel de um carro. Imagine que você está em uma estrada, dirigindo um carro alugado, e a luz do óleo começa a piscar no painel. O que você faz? Provavelmente não se preocupa muito e continua dirigindo até o carro parar. Essa é a mentalidade do locatário: "Não é problema meu". Agora, imagine se isso ocorresse com o seu carro, e não com um veículo alugado. Você provavelmente se dirigiria no mesmo instante para a oficina mais próxima. Os proprietários enfrentam problemas e procuram soluções.

Características dos locatários:

- Reclamam que as coisas não estão certas e exigem que sejam consertadas.
- Nunca apontam soluções.
- Ignoram os problemas... até mesmo aqueles que poderiam consertar facilmente.
- São descartados e nunca têm chance de subir na carreira.

Características dos proprietários:

- Não reclamam; trabalham para encontrar soluções.
- Não dizem que estão sendo tratados de modo injusto.
- Assumem seus objetivos e trabalham para alcançá-los sem olhar para trás.
- Falam sobre o que vai acontecer, não sobre o que deveria ter acontecido.
- Sobem na carreira!

Tenha uma atitude positiva e seja "proprietário" de seu trabalho. Assuma a responsabilidade por todas as áreas sob seu comando. E o mais importante: dirija o próprio sucesso.

REGRA 37

FALE MENOS E FAÇA MAIS

Se você não estiver alcançando suas metas, admita e crie um plano de ação que o faça voltar ao caminho certo. Esqueça o falatório. Ninguém se importa com isso. Os vencedores encontram uma maneira de vencer; os perdedores se vangloriam de suas boas atitudes enquanto perdem as chances de acertar. E bons chefes enxergam tudo isso com clareza.

O mundo está exigindo resultados a curto prazo, por isso você pode esperar grande pressão para atingir as metas *deste ano*. Esqueça o longo prazo. Ele faz parte de seu trabalho, mas, se você não tiver um bom desempenho *este ano*, outra pessoa ocupará sua mesa no próximo.

Ainda estou para ver um anúncio de promoção com a seguinte frase: "A Sally não atingiu as metas por dois anos consecutivos, mas tem um ótimo plano a longo prazo para a empresa, por isso vou promovê-la".

Você atinge resultados – com rapidez – e assim é promovido. Simples assim.

REGRA 38

BOA VONTADE NÃO ENCHE BARRIGA

Na maioria das empresas, em determinado momento, alguém vai pedir que você tome uma decisão como um gesto de boa vontade. Por experiência, sei que isso costuma significar que a ideia que a pessoa está tentando vender é fraca e não consegue se manter pelos próprios méritos.

Costumo dizer o seguinte: "Boa vontade não enche barriga". Elas compreendem rapidamente o que quero dizer e, em geral, se afastam ou apresentam a mesma ideia a mim mais uma vez, só que sem o comentário a respeito da boa vontade.

Pense bem e bastante a respeito de qualquer decisão baseada em boa vontade.

REGRA 39

MAIOR NEM SEMPRE É MELHOR

Um segredo para ascender rapidamente na carreira é tirar o máximo proveito do que se tem. Independentemente de ser grande ou pequena, encontre uma maneira de tornar a área sob sua responsabilidade mais lucrativa. O que conta é ganhar dinheiro para a empresa.

A corrida nunca tem a ver com quem possui a maior empresa ou quem tem mais pessoas sob seu comando. Na verdade, quem percorre esse caminho costuma se destruir. Preocupe-se em ganhar dinheiro com o que você tem. Corte custos, encontre maneiras de ser eficiente e de aumentar o lucro. Grandes melhorias são sempre notadas.

Quando chega o momento de promover alguém, o que se leva em conta é quem está tirando mais proveito do que tem hoje, quem está satisfazendo ou superando as expectativas de lucros, quem está realizando os maiores aumentos em relação aos números do ano anterior.

Você promoveria alguém em um mercado grande que está tendo um desempenho razoável, ou alguém em um mercado pequeno que está indo muito bem? É simples, não é?

REGRA 40

MENOR PODE SER MELHOR

Atualmente, nas grandes empresas, ter o maior cargo não é necessariamente a maneira mais rápida de chegar ao topo. Ter um cargo menor que lhe dê habilidades mais amplas pode ser mais valioso.

Eu estava em um coquetel em Toronto há alguns anos e encontrei um velho amigo, Don Kitchen. Don havia passado muitos anos em um cargo do alto escalão em uma enorme empresa de bens de consumo. Em determinado momento, foi vice-presidente de vendas da empresa nos Estados Unidos – um cargo muito importante. Ele explicou que, sempre que encontrava colegas ao redor do mundo, ficava surpreso com o tanto que eles sabiam sobre os negócios de maneira *total*. Ele sentia que os outros sabiam mais sobre os próprios negócios do que ele sabia sobre os dele. Não conseguiu entender o motivo por muitos anos – até receber uma tarefa internacional. Foi aí que percebeu.

Nos Estados Unidos, a escala é tão grande que, quando você está comandando um departamento de vendas, executa apenas essa tarefa. Você entra em contato com outros departamentos apenas superficialmente, porque trabalha em um campo comprido, porém muito estreito. Na maioria das tarefas internacionais, você assume responsabilidades menores, porém mais amplas.

Don e eu concordamos que os cargos menores, em muitos casos, oferecem mais oportunidades de aprendizado. Ele passou a comandar uma empresa de produção de cerveja no Canadá. Infelizmente, faleceu há pouco tempo. Espero que este livro ajude a manter viva a sabedoria dele.

REGRA 41

INCRÍVEL CONSISTÊNCIA

As empresas e os chefes sempre procuram pessoas e equipes que alcancem resultados de maneira consistente. Funcionários constantes e estáveis são notados e serão recompensados em algum momento. Não é fácil mostrar resultados o tempo todo. Os funcionários mais consistentes com quem trabalhei eram as pessoas que mais investiam em planejamento – antes de entrar em um grande projeto, ou antes de começar o ano fiscal na empresa, por exemplo. São indivíduos que planejam cuidadosamente suas ações, imaginam estratégias e preparam planos de contingência para os desastres inevitáveis ao longo do caminho. E o mais importante: sabem se comunicar! Dizem às pessoas com antecedência o que esperar e quando isso vai acontecer.

Se você planeja, se comunica e sabe como executar seu plano, certamente atingirá resultados com o nível de consistência desejado para seguir adiante.

REGRA 42
DELEGUE

As empresas estão repletas de pessoas que pensam que delegar trabalho é sinal de fraqueza. Esses indivíduos ou são extremamente controladores ou morrem de medo de que alguém pense que eles são menos necessários para a companhia.

Nada poderia estar mais longe da verdade. As empresas esperam que os líderes organizem e deleguem seus trabalhos. Da mesma forma, os funcionários que estão mais abaixo na hierarquia esperam que os trabalhos e as decisões lhes sejam delegados. Eles ficam frustrados quando todas as decisões e tarefas ocorrem em um nível acima deles. As pessoas precisam se sentir desafiadas e importantes.

Nunca se sinta mal por delegar trabalho. Empurre para baixo o que for adequado e apegue-se ao que você mesmo precisa fazer. Se conseguir delegar tarefas de modo eficiente, será visto como um líder consistente por aqueles que estão acima e abaixo de você.

REGRA 43

COMECE E TERMINE AS REUNIÕES PONTUALMENTE

Parece simples, certo? Errado. Reuniões mal conduzidas são um dos problemas dos negócios hoje em dia. As pessoas marcam reuniões o tempo todo. Algumas valem a pena; a maioria, não. Geralmente, são apenas uma desculpa para evitar uma decisão.

Se você tiver uma reunião, e for conduzi-la, precisará fazer o seguinte:

- Criar uma pauta.
- Certificar-se de que os participantes saibam o que você espera deles no encontro.
- Separar na pauta um tempo determinado para cada item.
- Conduzir a reunião de acordo com a programação.
- Fazer um acompanhamento, entregando, depois do encontro, um resumo por escrito, no qual inclua as ações esperadas e quem será responsável por elas.

Minhas reuniões começam e terminam na hora certa. Discutimos apenas itens importantes – se perdemos o foco, nunca ficamos fora dele por muito tempo. No ambiente de hoje, de gerenciamento consensual, o número de reuniões cresceu muito – uma tendência ruim. Minimize o número de reuniões que realiza e analise a lista de participantes. Você não precisa estar em todas as reuniões para ser importante. Mas, quando precisar comandar uma reunião, faça-o de modo adequado.

REGRA 44

IMPLEMENTE A REGRA DOS DOIS GRÁFICOS

Quando assumi um novo cargo, há pouco tempo, decidi fazer uma reunião com meus funcionários diretos. Estabeleci uma pauta clara para a reunião, com um tempo específico para cada um falar, mas eles se alongaram excessivamente e apresentaram informações totalmente confusas.

Quando o encontro terminou, repreendi todos eles e disse que deveriam melhorar suas apresentações e o tempo para realizá-las – pois haviam desperdiçado meu tempo e o tempo precioso de nossos acionistas.

A reunião seguinte foi melhor, mas ainda aquém das expectativas, e mais uma vez precisei chamar a atenção deles. Decidi utilizar então a "regra dos dois gráficos". Ninguém poderia chegar à reunião com mais de dois gráficos sobre o assunto. Eles foram forçados a pensar com cuidado no que colocariam naqueles dois gráficos.

Em nossa primeira reunião com essa regra, uma pessoa tentou inserir um terceiro gráfico. Quando ele o colocou na tela, pedi que se sentasse. Ele protestou, é claro, dizendo:

– Isso é importante!

Eu simplesmente disse:

– Tenho certeza que é, mas não hoje, amigo! Todos nós seguimos as regras. Seus colegas fizeram o que eu pedi, e espero que você faça o mesmo.

Nunca mais tive problemas com isso. Experimente fazer isso em algum momento. Quando seus colegas aprenderem a respeitar as reuniões, você poderá relaxar a regra e apenas insistir que eles se apresentem dentro do tempo estipulado.

REGRA 45

CHEGUE NA HORA

Se você precisa estar em uma reunião em determinado horário, certifique-se de estar lá na hora certa. Já esperei muitas vezes por executivos que chegaram a uma reunião com cinco ou dez minutos de atraso. Alguns até mais. Que absurdo!

Se você estiver viajando, acorde na hora certa. A desculpa "Dormi demais" não serve. Eu sempre levo comigo um despertador portátil, além de usar o do quarto e ainda pedir para a recepção me acordar. Paranoia? Não, só quero ser pontual.

Um dos maiores erros que você pode cometer é chegar atrasado a uma reunião importante. Você sabe de que reunião estou falando: seu chefe está lá, o chefe de seu chefe está lá. Você não pode simplesmente chegar tarde. As portas da sala de reunião sempre fazem barulho para anunciar a chegada de alguém atrasado. Todos se viram para olhar, todos percebem. Mesmo que você não tenha passado a noite anterior bebendo, a maioria das pessoas vai pensar que você estava na farra. Coloque três despertadores para tocar, se for preciso, ou peça a alguém que o acorde em determinado horário. Levante cedo e chegue a tempo. Ninguém precisa ser visto com maus olhos, quando um pouco de organização teria evitado o problema.

REGRA 46
ATENDA O TELEFONE

Quando seu telefone tocar, atenda-o. *Adoro* aquelas pessoas que deixam as chamadas caírem na caixa postal do celular. Que grande perda de tempo. Ao checar com seu assistente ou ouvir as mensagens de voz e depois retornar os telefonemas, você terá gastado muito mais tempo e esforço do que gastaria se tivesse atendido o telefone.

As pessoas ficam muito surpresas quando um alto executivo atende uma ligação. Para mim, é apenas um sinal do tipo: "Ei, estou aberto aos negócios!" e "Estou pronto para ajudar".

É claro que você vai falar com vendedores insistentes de vez em quando, mas eu não me importo com isso – todo mundo precisa trabalhar. Costumo dar-lhes trinta segundos para tentar me convencer; se não conseguem, agradeço e digo que não estou interessado.

Você nunca sabe a importância que o telefonema que você ignorou pode ter.

REGRA 47

NÃO MINTA NOS RELATÓRIOS DE DESPESAS

Registre apenas suas despesas reais, nem um centavo a mais. Conheça a política da empresa em relação ao reembolso e mantenha-se dentro das diretrizes.

Já vi um amigo próximo ser expulso de uma empresa quando descobriram que ele estava mentindo nos relatórios de despesas. Ele perdeu um emprego muito bom por pouco dinheiro. Pior ainda: perdeu a credibilidade, e isso ele nunca vai conseguir superar.

Se uma companhia convoca auditores para rever os relatórios de despesas (o que acontece de vez em quando), você deve estar completamente "limpo". Os auditores são muito bons no que fazem, por isso não queira fazer coisas erradas.

Os registros de despesas servem para devolver o dinheiro que você gastou, não para deixá-lo com mais dinheiro do que tinha antes.

REGRA 48
PREPARE-SE PARA VIAGENS DE AVIÃO

Conforme você cresce na empresa, maiores são as chances de viajar várias vezes. Evite a armadilha de agir como turista – embarcando no avião despreocupadamente e passando o voo todo assistindo a filmes ou lendo revistas.

O tempo gasto na viagem pode ser bem sossegado, e você pode usá-lo de modo muito eficiente se planejar tudo corretamente. Certifique-se de fazer um planejamento sensato, caso contrário nem se preocupe com isso. Por exemplo, se você estiver cansado, cochile um pouco, reserve um tempo para ler parte de um livro ou revista, depois use o restante do voo para trabalhar. Você poderá cuidar de seu trabalho com rapidez, sem ser interrompido.

Os aviões, hoje em dia, têm pouco espaço, por isso organize seu trabalho antes de embarcar. Não perca um tempo precioso tentando se ajeitar em um espaço restrito. Sempre organizo uma pasta de trabalho com antecedência e a coloco dentro de minha maleta para poder ter acesso a ela com facilidade durante o voo. Ela costuma conter materiais importantes de leitura sobre coisas que preciso de tempo para organizar. Se estiver viajando na classe econômica, esqueça o computador – simplesmente não há espaço suficiente para trabalhar. Mas você ainda pode ler e escrever um pouco, um adiantamento que fará diferença. Percebo que o processo de organizar meu trabalho como preparação para uma viagem tem o efeito de me dar um objetivo a atingir durante o voo, o que não é ruim.

No início do voo, sempre se apresente aos que estão perto de você, não para ser simpático, mas para descobrir com o que trabalham. A última coisa que você quer é se sentar ao lado de um concorrente ou cliente que esteja recebendo informações importantes de sua parte. É surpreendente a frequência com que isso acontece. Já escutei muitas histórias sobre isso ao longo dos anos e posso afirmar que a maioria das pessoas a quem você expõe informações ficará sentada em silêncio absorvendo o máximo de conhecimento competitivo sem que você saiba. Você é um tolo completo se não se importa em ser sigiloso a respeito de seu trabalho durante um voo. A mesma coisa pode ser dita sobre telefonemas em locais públicos. Não facilite as coisas para seus concorrentes.

Você deve aprender a dormir durante os voos – principalmente durante os noturnos, comuns na Ásia e no Pacífico. Se tiver problemas, procure um médico e encontre uma maneira de dormir. Ao sair de um voo que durou a noite inteira, espera-se que você vá direto para o trabalho. Certo, talvez você possa tomar um banho rápido antes, mas tirar um dia para se recuperar demonstra pouca garra. Você não pode fazer isso, porque ninguém mais o faz.

E não entre no escritório e passe o dia reclamando de cansaço. Mantenha-se concentrado no trabalho e esqueça a fadiga. Focar a mente e esquecer o cansaço físico tem me ajudado muito ao longo dos anos. Se isso não der certo, tome um café. Sorria e seja forte.

REGRA 49

VOCÊ ESTÁ SOZINHO!

A maioria das empresas não costuma gerenciar carreiras individuais. Por isso, a responsabilidade de chegar ao topo é sua. Em primeiro lugar, você deve estudar a empresa para a qual trabalha e encontrar o melhor meio de agir. Depois, precisa posicionar-se para conseguir esse cargo.

Em geral, os caminhos para o topo são muito claros. Analise os altos executivos de sua empresa e estude seus movimentos. O passado é um precursor do futuro. Eles comandaram determinado departamento ou unidade de negócios enquanto subiam na carreira? Existe um padrão para o sucesso. Em caso afirmativo, siga uma direção parecida. Em caso negativo, procure adivinhar a direção correta.

Para mim, o caminho para o topo sempre foi claro: dentro de qualquer multinacional, você deve criar o próprio plano para chegar aonde quer, precisa mostrar resultados e precisa ter o menor número possível de inimigos corporativos. Descubra seu caminho e faça acontecer.

REGRA 50

CONSIGA O MELHOR EMPREGO

Muitos discordarão de mim neste assunto, mas aqui vai...

Nunca pense no dinheiro – sempre procure o melhor emprego. Os dois não estão necessariamente unidos. O melhor emprego é aquele que lhe dará as habilidades e a exposição de que você precisa para crescer rapidamente.

Eu me arrependo de poucas atitudes que tomei, mas gostaria de poder desfazer uma delas. No início de minha carreira, recebi a proposta de trabalhar diretamente para o vice-presidente de vendas de uma empresa internacional de bens de consumo. Era um cargo fantástico, pelo qual muitos dos líderes da empresa haviam passado no caminho para o topo. Era uma companhia interessante, e eu trabalharia para um homem brilhante que ocupava uma posição na qual subiria rapidamente (ou seja, deixaria o caminho livre para mim!). O emprego tinha tudo, mas pagava 15% a menos que o cargo que eu tinha na época. Eu o recusei por causa do dinheiro, um grande erro. Tomei a decisão por causa de poucos milhares de dólares! Ao longo de uma carreira, isso não seria nada.

Observei a pessoa que aceitou o cargo crescer e subir rapidamente – mais rápido que eu. E como doeu! Consegui chegar ao mesmo nível dela depois, mas perdi tempo e isso sempre vai me incomodar.

Eu me recuperei, mas aprendi uma lição. Cargos ótimos em empresas são raros. O dinheiro virá em breve. Pense a longo prazo.

REGRA 51

ESCOLHA SEU EMPREGADOR COM CUIDADO

Existem empresas que promovem apenas pessoas que já fazem parte de seu quadro de funcionários. Isso significa que, para chegar ao topo, você precisa começar de baixo e ir subindo. Eu trabalhava para uma empresa assim e, nesse tipo de ambiente, a paciência vale ouro – o lado positivo foi que nunca me deparei com competição externa.

Pessoalmente, um lugar desse tipo nunca funcionou para mim, pois gosto de experiência de fora. Acredito que aprendemos mais por meio de experiências diversas; também acho que você ganha mais perspectiva trabalhando para diversos empregadores. Mas o mais importante é escolher seu empregador com cuidado. Se você precisa de muita mudança para se manter motivado, uma cultura do tipo "promover os funcionários de dentro da empresa" não será a mais adequada para o seu perfil.

São poucos os candidatos que se esforçam durante o processo seletivo para tentar entender a cultura e o ambiente de trabalho de um empregador em potencial. Isso deveria ser tão importante quanto o cargo e o salário. Faça perguntas sobre isso.

Na ACNielsen, na Austrália, a equipe de recursos humanos criou um documento que descreve a experiência de trabalho na empresa – esse documento é entregue a todos os candidatos. Ali está a verdade nua e crua, e para mim trata-se de uma boa prática. Decidimos fazer isso porque não queríamos contratar pessoas que não se encaixassem – isso acaba saindo caro demais. Exponha os fatos e todos se beneficiarão com essa abordagem.

Existem muitas opções por aí. Escolha aquela que funciona melhor para você.

REGRA 52

TRANSFORME SEU EMPREGO NA DISNEYLÂNDIA

Walt Disney disse certa vez: "A Disneylândia nunca será terminada. Ela continuará crescendo enquanto existir imaginação no mundo". Todas as pessoas deveriam assumir essa abordagem com o próprio trabalho. Seu emprego e sua empresa não podem ser sempre os mesmos. Eles devem se transformar e mudar, ajustar-se a novas condições e continuar sendo inovador.

Disney era um gênio, mas também um homem muito simples. Trate seu trabalho da mesma maneira que Walt Disney tratava a Disneylândia.

Ray Kroc, fundador do McDonald's, foi outro líder visionário que admiro. Certa vez, ele disse algo do tipo: "Não sei o que as pessoas comerão daqui a trinta anos, mas certamente comerão no McDonald's". Que beleza! Veja como o McDonald's reinventa constantemente seu cardápio. Sim, ainda vendem hambúrgueres, mas, além disso, servem opções mais saudáveis. Acredito que Ray Kroc ficaria orgulhoso.

REGRA 53
SOLICITE AVALIAÇÕES DE DESEMPENHO

No início de sua carreira, na maioria das empresas, você receberá avaliações de desempenho rotineiras. Elas são importantes. Mesmo que não concorde com elas, ou com algumas, você precisa lidar com esse tipo de avaliação. Por exemplo, você pode ser alguém que realiza grande parte de seu trabalho em casa, à noite, mas pode parecer, para as outras pessoas, que você sempre sai do escritório cedo e não trabalha com o mesmo afinco que os colegas. Converse sobre isso com seu chefe e encontre uma solução que mudará a percepção geral. Algumas percepções podem acabar com a sua carreira.

Agora, prepare-se para a notícia ruim. Conforme você passa a ocupar cargos mais elevados, provavelmente deixa de receber relatórios de desempenho sem que tenha solicitado. Esse é mais um exemplo de chefes que aderem ao princípio "Faça o que eu digo, não faça o que eu faço". Eles insistem que as avaliações sejam feitas para os níveis mais inferiores, mas não encontram tempo para a avaliar seus funcionários diretos.

Não se preocupe. Em primeiro lugar, peça uma avaliação. Você provavelmente receberá uma. Se isso não acontecer, chame seu chefe para almoçar e converse com ele sobre seus pontos fortes e fracos. Mesmo que ele não seja totalmente franco, sem dúvida você escutará algumas coisas que poderá melhorar.

REGRA 54

VOCÊ ESTÁ ENLOUQUECENDO SEU CHEFE?

Imagine que, sem querer, você esteja fazendo coisas que deixam seu chefe e seus colegas malucos. Isso acontece com muita frequência, pode acreditar.

A maneira mais simples de descobrir se está ou não agindo dessa forma é arriscar e *perguntar*. Ao abrir essa porta, você poderá receber um *feedback* surpreendente. Aceite graciosamente o que seu chefe disser – mesmo que seja doloroso – e pense em como resolver certos problemas.

REGRA 55

FAÇA TUDO CERTINHO

A ética dos negócios nunca esteve mais em foco do que agora. E é fácil entender por quê – pense no colapso da Enron, no desastre do mercado imobiliário americano e na onda de demissões de CEOs que se tornaram públicas.

A honestidade, a integridade e a ética são essenciais nos negócios e na vida. Nunca se deixe seduzir por uma "oportunidade" que pode vir a lhe causar um problema em troca de ganho pessoal ou lucro. É errado – e você vai acabar sendo pego.

Pense na vida dos funcionários bem-intencionados que podem perder o emprego em razão de uma decisão que você toma, além da perda de sua credibilidade com os acionistas. E se isso não bastar como incentivo, pense no preço que pessoalmente você pagará: problemas com a justiça, fim dos cargos elevados e uma vida passada em um exílio vergonhoso.

As empresas podem implementar vários tipos de sistemas de conformidade, mas o único método realmente eficaz para garantir a ética na companhia é a ação de cada pessoa. Você pode ganhar e ser recompensado trabalhando muito e de maneira inteligente. Faça tudo certinho, sem desculpas.

REGRA 56

TRABALHE FORA DO PAÍS
(MAS SÓ SE FOR BOM PARA VOCÊ)

Alguns funcionários são enviados para o exterior para realizar um trabalho, geralmente por tempo determinado. Esses trabalhos costumam ser oferecidos apenas para os funcionários mais importantes, afinal são muito onerosos para a empresa.

Aceitar esse tipo de tarefa e mudar para outro país é uma maneira rápida de chegar ao topo, se isso estiver de acordo com seus planos, habilidades e situação familiar. Pense com cuidado antes de aceitar um trabalho fora. Se você tem família, analise se essa situação é adequada para você e para ela. Mudar de casa, em qualquer época, é difícil; mudar de país é ainda mais. Está comprovado que o índice de divórcio entre os expatriados é cerca de 50% maior que o da maioria das pessoas. Pode ser difícil para seu cônjuge, que talvez tenha de ficar em casa enquanto você sai para trabalhar – e pode ser difícil fazer amizades em um novo país. Tenho percebido que as crianças mais novas se adaptam rapidamente às mudanças, mas os filhos mais velhos (com mais de 13 anos) demoram mais.

É essencial que sua situação na mudança de país seja razoável para satisfazer as necessidades de sua família. É importante que você consiga encontrar – e pagar – uma boa casa. Não aceite uma situação na qual você não goste do lugar onde mora. Isso sempre será uma questão de conflito em sua família. Procure saber se a empresa pagará pela educação de seus filhos – isso é essencial em muitos mercados.

Se estiver pensando em se mudar, converse com alguém que passa ou já tenha passado por essa experiência. Estude bem antes. Se tudo for feito de modo adequado, a experiência poderá ser excelente. Se for malfeito, você arriscará coisas demais.

REGRA 57
"ESPECIAL" NEM SEMPRE É BOM

Nunca aceite um cargo que tenha a palavra "especial" no título. É o código corporativo para "Estou saindo da empresa". Pense bem. As empresas gastam muito tempo promovendo a equipe e o trabalho em equipe, e agora, de repente, declaram que alguém é "especial"? Especial não é bom na maioria das empresas. Fique de olho nos jornais depois da reestruturação de uma companhia. Você encontrará algumas pessoas que, de repente, se tornam "especiais".

REGRA 58

INDEPENDENTES, CUIDADO!

Guy Russo, diretor administrativo do McDonald's Austrália, falou recentemente em um almoço na Câmera de Comércio sobre a filosofia da empresa em relação à liberdade no local de trabalho. Há muito tempo o McDonald's fornece produtos e serviços bem definidos no mundo inteiro, e ainda permite que as empresas regionais tenham liberdade para melhorar suas ofertas, desde que obedeçam aos padrões da companhia.

É assim que a maioria das empresas multinacionais bem administradas opera hoje. Significa mais do que nunca que os independentes não existem mais dentro das empresas. A criatividade e a inovação continuam vivas, mas apenas dentro de uma estrutura feita para garantir que as necessidades maiores da empresa sejam satisfeitas.

Um dos maiores independentes que conheci em minha carreira foi o neozelandês David O'Neill. David adorava empresas pequenas e prosperava em ambientes assim. Ele era um construtor de empresas, com muita visão e paixão. Desenvolvia as corporações até um tamanho razoável e depois as vendia. A ACNielsen comprou uma delas, e David passou a se reportar a mim, comandando a filial da Nova Zelândia. Ele era muito bom no papel, mas nunca gostou de executá-lo. Detestava a estrutura e a burocracia de uma empresa grande. Ele não tinha a chance de ser independente. Precisava de um ambiente pequeno e restrito no qual pudesse prosperar. Infelizmente, David faleceu há pouco tempo. Espero que não existam muitas regras no céu!

Se você é um sujeito independente ou quer ser um, mantenha distância de empresas grandes, pois elas costumam precisar de estrutura para prosperar. Encontre uma empresa em fase inicial. Você será mais feliz assim.

REGRA 59
ACEITE AS MUDANÇAS

Chegar ao topo exige coragem. Nunca tema a mudança. Se você não mudar, não crescerá. Se não crescer, não vai chegar muito longe em empresa nenhuma.

Se estiver em seu cargo atual há dois anos ou mais, está na hora de mudar. Após dezoito meses na mesma posição, você deve começar a almejar um novo cargo. E deve supor que o processo para alcançá-lo pode demorar seis meses, provavelmente mais. Precisará então de persistência e paciência.

Diga a seu chefe o que pretende e por que quer isso. Ninguém vai encarar isso como ameaçador. Entre em contato com o departamento de recursos humanos e peça que o ajudem com sua carreira. Acredite: eles o ajudarão se forem bons.

Há pouco tempo, um alto executivo que trabalhava em minha empresa na Austrália abordou o chefe dele e a mim. Descreveu calmamente a nós dois como enxergava a própria situação. Mostrou-se positivo e animado e explicou que ocupava seu cargo atual havia dois anos, tinha um bom desempenho e acreditava ser um candidato adequado para a posição de seu chefe em algum momento. Mas ele disse que seu chefe estava no cargo havia menos de um ano e que aparentemente não seria promovido em breve. Então propôs que fosse transferido para um cargo similar em um mercado muito diferente por dois anos, com um possível retorno posterior à Austrália. A experiência lhe permitiria retornar com muitas habilidades na bagagem. Fazia sentido para mim e foi o que fiz. É muito provável que isso não tivesse acontecido sem a iniciativa dele. Não fique sentado esperando – se cochilar, perderá a oportunidade. Aprecie as mudanças. Valorize novas tarefas e desafios. Se você realmente acreditar que mudanças são boas, vai procurá-las constantemente. E assim vai se destacar.

REGRA 60
LEIA ANÚNCIOS INTERNOS DE EMPREGO

A maioria das grandes empresas tem um sistema que permite aos funcionários ver oportunidades de vagas internas em todos os departamentos. Os anúncios podem ser uma ótima maneira de encontrar uma chance de crescer, mas aja com cautela:

- Nunca se candidate a uma vaga sobre a qual você não tenha conversado antes com seu chefe. Surpreendentemente, em empresas grandes, as pessoas muitas vezes se candidatam a novas vagas sem o conhecimento ou o apoio do superior. Isso não deve acontecer. Você estará sozinho, quando o importante é ter a ajuda do chefe.
- Se a oportunidade for boa e você tiver qualificação, é possível que seu chefe o apoie. Se ele não lhe oferecer suporte, descubra o motivo. Converse com ele e descubra a verdade.
- Esteja preparado para a pergunta que um bom chefe fará: "Se você conseguir essa vaga, quem posso pôr em seu lugar?" Será mais fácil para ele apoiar a mudança se houver um sucessor claro para sua posição. Tenha uma resposta pronta para essa pergunta.
- Não se candidate a cargos para os quais não tenha qualificação. Você não vai sair de um cargo de supervisor para um de diretor da noite para o dia. Carreiras são construídas de modo progressivo. É bom sonhar, mas em segredo.

Seja proativo e procure por oportunidades. Anúncios de emprego podem ser uma grande fonte de informação. Use esse sistema a seu favor.

REGRA 61

PEÇA DEMISSÃO DA MANEIRA CERTA

O pedido de demissão a seu empregador deve ser tão bem pensado quanto qualquer outro passo em sua carreira. Você deve manter as portas abertas – pode querer voltar algum dia. Assim, precisa ir embora com o aval de seu superior – sem ressentimentos. O mundo é pequeno, por isso procure manter os relacionamentos amigáveis. Em que você precisa pensar?

- Em primeiro lugar, nunca surpreenda seu chefe. Se você estiver perto de aceitar uma oferta em outra empresa, conte isso a ele. Sempre valorizo essa atitude, porque evita surpresas e me dá tempo para avaliar as opções.

- Quando tiver decidido pedir demissão, reúna-se com seu superior *pessoalmente* e diga a ele que você recebeu a proposta para um novo emprego e que está *pensando* em aceitar. Seu chefe vai ficar feliz com o fato de a situação não estar definida e por ainda ter opções. Não seja emotivo e não assuma uma postura que pareça expressar: "Cubra a oferta ou vou embora". Você não vai ganhar nada com um jogo de extorsão e vai prejudicar muito sua credibilidade atual e futura.

- Nunca peça demissão por *e-mail* ou por carta. Parece tolo? É é, mas acontece. Esse é o caminho mais rápido para o sinal de "pessoa indesejada".

- Não peça as contas quando seu superior estiver prestes a viajar em férias ou a negócios – ele ficará impressionado de modo negativo com o momento ruim escolhido por você... Aqui também você poderá levar o sinal de "pessoa indesejada".

- No momento apropriado – após ter dado a notícia a seu chefe pessoalmente –, envie a ele uma carta de demissão oficial, agradecendo muito pela experiência de trabalho que você adquiriu. Não fale sobre seus motivos para sair; pode ser que você se sinta melhor, mas não melhorará em nada sua situação, por isso não gaste tinta com isso.
- Mantenha-se fiel a sua palavra em relação à confidencialidade. Não pegue nada do escritório que não pertença a você. Se não souber, pergunte... ou prepare-se para possíveis ações na Justiça.
- Seja flexível em relação à data de sua saída. Se seu chefe precisar de você por mais tempo, seja compreensivo.
- Releia seu contrato de trabalho ou quaisquer outros acordos que tenha com seu empregador atual antes de se demitir. O esperado é que ele tome atitudes que beneficiem a empresa. Nunca espere que ele deixe de proteger os interesses da companhia – mesmo que ele seja seu amigo. Ele não é tolo.
- Se você estiver saindo para assumir um cargo em uma empresa concorrente, esteja preparado para uma saída imediata. Faça o que for orientado a fazer de modo colaborador.
- Nunca conte a um colega que você está à procura de um novo emprego, pois isso o colocará em uma situação desconfortável. Quando você pedir demissão, se seu chefe for perspicaz, vai perguntar desde quando você começou a procurar por outro emprego e quem mais sabia de seu interesse.
- Passe horas se preparando para seu pedido de demissão. O mundo é pequeno, as carreiras são curtas e as situações sempre mudam. Pode ser que posteriormente você queira voltar a uma empresa da qual está saindo agora, ou trabalhar novamente para um executivo que mudou de posição. Um pouco de planejamento e bom senso ajudarão muito.

Cometi um grande erro quando pedi demissão com quase 30 anos. Ainda hoje sou assombrado por minha estupidez. Naquela época, eu trabalhava em uma divisão em desenvolvimento de uma empresa global. Os negócios não estavam indo bem, e havia rumores de que nossa divisão seria fechada. O CEO me chamou em seu escritório e, do nada, me ofereceu uma promoção para diretor – com a responsabilidade de comandar metade da divisão. O problema era que eu estava prestes a receber uma proposta de uma empresa nova em Boston. Ótimo emprego. Ótimo salário. Ótima localização. Mas, enquanto eu estava na sala de meu chefe, tive um "branco". Ele estava me contando sobre a promoção, mas eu mal escutei o que ele disse. Eu era tolo, jovem e estava confuso.

Saí da sala sem dizer sim ou não à oferta. Para minha surpresa, uma hora depois foi feito um anúncio a respeito de minha promoção. Fui para casa suando. No dia seguinte, entrei na sala recebendo muitos cumprimentos. Mas eu queria o outro emprego, e pedi demissão três dias depois. Quando contei ao CEO, ele explodiu: disse que eu tinha trinta minutos para deixar o prédio ou ele chamaria a segurança para me pôr para fora, e tenho certeza de que ele estava falando sério.

Esse foi um clássico erro por inexperiência. Eu deveria ter sido franco em nossa primeira reunião. Eu o fiz passar por um vexame. Que idiotice a minha! Foi o maior dos erros.

Faça de sua demissão um acontecimento profissional, e não uma atitude amadora.

REGRA 62

UM PASSO DE CADA VEZ

Quando você troca de emprego ou é promovido, tem novos benefícios. Isso pode incluir o salário-base, bônus, carro, incentivos a longo prazo, opções de compra de ações, pacotes etc. Analise a oferta com cuidado e de modo muito realista. A maioria das pessoas não tem o salário dobrado da noite para o dia. Ambição pode ser bom ou estúpido.

Executivos inteligentes analisam uma oferta sabendo que o que está sendo exposto a eles está bem próximo da oferta final. Executivos tolos acreditam que devem pedir muito mais.

Sempre acreditei que devemos dar um passo por vez. Pense em todas as ofertas de modo pragmático e escolha duas coisas que gostaria de, humildemente, solicitar. Apresente suas sugestões com grande modéstia e esteja disposto a abrir mão de algumas coisas.

Se pedir coisas demais ou parecer muito exigente, corre o risco de prejudicar sua relação com o novo empregador logo no começo. E talvez você nunca se recupere disso.

Se quiser ganhar pontos, peça que sua remuneração *variável* seja aumentada. Os empregadores adoram isso – costuma demonstrar que você é honesto e confiante. Do ponto de vista deles, essa opção é livre de riscos. Se você for muito bem-sucedido, eles lhe pagarão muito. Se não for, não pagarão. Procure a opção de aumento de ações ou outros incentivos com base no desempenho. O salário-base é o item mais difícil e perigoso de negociar. Seja realista.

Pessoalmente, retirei duas ofertas quando o processo de negociação ficou ruim. Não preciso de dor de cabeça. O mundo está repleto de pessoas talentosas; quero empregar indivíduos realistas e espertos.

Por isso, lembre-se: você deve dar um passo de cada vez.

REGRA 63

AJA COMO TODD BRANT

Já contratei centenas, talvez milhares de pessoas, mas nenhuma como Todd Brant.

No início de minha carreira, eu gerenciava um escritório para a ACNielsen em Stamford, Connecticut. Ao me dirigir ao escritório, vi alguém sentado sozinho na recepção, por isso parei e perguntei se ele precisava de ajuda.

Ele estendeu a mão e disse: "Meu nome é Todd Brant e quero muito trabalhar para a ACNielsen". Ele não tinha um horário marcado, mas estava preparado para ficar na recepção o tempo que fosse preciso para conseguir uma entrevista.

Gostei muito de sua coragem e iniciativa. Parei o que estava fazendo, fiz uma entrevista com ele e o contratei. Foi uma ótima decisão, e ele está tendo uma carreira muito bem-sucedida.

Se quiser muito alguma coisa, aja como Todd Brant.

REGRA 64
PROCESSAR OU NÃO PROCESSAR

Na última década, o mundo se tornou um lugar de muitos processos; o mundo corporativo tem se tornado obcecado por isso. Por experiência própria, sei que essa tendência dentro das empresas não está sendo dirigida pela comunidade jurídica, mas por homens e mulheres de negócios que tentam encontrar todas as chances possíveis de melhorar os resultados dos negócios.

Se você é um líder nos negócios, pense nos custos imediatos dos processos *versus* o resultado possível de um acordo lucrativo distante. As vitórias totais costumam ser raras, e o custo do processo é muito alto. A maioria das pessoas prefere uma solução amigável em vez de ir para o tribunal.

É caro manter advogados, e esse é apenas um dos gastos "pesados", pois você também precisa pôr na balança os custos "leves", como o tempo de que precisará dispor sem trabalhar. Nunca subestime o prejuízo que isso pode causar.

Pense com cuidado sobre qualquer situação antes de recorrer a um processo. Pode ser que uma decisão demore anos para ser resolvida na Justiça (seja lá em que parte do mundo você estiver), e, quando começa, fica difícil parar. A desistência é, às vezes, um caminho muito prudente, mas vai parecer que você perdeu.

Os advogados costumam dar as informações conforme as enxergam e de acordo com suas chances de ganhar. Não leve isso para o lado pessoal e não deixe suas emoções assumirem o controle – tome uma decisão racional e objetiva. Não gaste no tribunal o tempo que deveria dedicar aos negócios.

REGRA 65

FAÇA AMIZADE COM O ADVOGADO

É uma boa ideia conhecer o advogado de sua empresa. Essa pessoa pode ser sua "amiga" e pode manter você e a empresa para a qual trabalha longe de problemas.

Se for demitir alguém, converse com o advogado.

Se for fechar um negócio com um cliente, converse com o advogado.

Se um cliente quebrou uma cláusula do contrato, converse com o advogado.

Se tiver uma reunião com um concorrente, fale com o advogado.

Se você vai assinar documentos que comprometem a empresa, converse com o advogado.

Invista seu tempo obtendo conselhos jurídicos e, assim, livre-se de muitas futuras dores de cabeça – principalmente daquelas que destroem a carreira.

Pense no que aconteceu com Bob. Ele recebeu a tarefa de cuidar de um negócio para sua empresa em um dos mercados mais importantes dos Estados Unidos. O negócio manteve uma posição forte no mercado durante anos, mas recentemente vinha perdendo vigor para um criativo e agressivo novo concorrente. A empresa havia substituído o ex-gerente-geral por Bob, porque o anterior não havia se acostumado à nova situação de concorrência.

Bob chegou decidido a fazer mudanças rapidamente. Um de seus primeiros passos foi reunir a equipe de *marketing* para rever a linha de produtos e os preços. Ele logo viu quais de seus produtos estavam sofrendo maiores perdas para a concorrência. Criou um plano para vender esses produtos de modo diferente e direcionou a equipe de *marketing* para implementar seu plano imediatamente. Ele monitorava as atividades todos os dias; o plano estava funcionando. As perdas competitivas quase estacionaram e Bob estava satisfeito.

Então ele recebeu um documento que dizia que o concorrente havia processado sua empresa por violação às leis de concorrência. Bob foi chamado para uma reunião com seu chefe e o conselho geral da empresa. O conselho disse a Bob que nenhum dos advogados da empresa parecia saber algo sobre o plano que ele estava implementando. Ele respondeu que não lhe havia passado pela cabeça conversar com os advogados e que só estava ajustando seu programa de *marketing* para permitir que a empresa concorresse de modo mais eficiente.

O conselho geral explicou a Bob que, apesar de suas intenções terem sido boas, seu plano não foi. A maioria das práticas adotadas por ele era muito questionável ou totalmente contrária à lei. A empresa teria problemas para defender as ações de Bob. Além disso, o conselho geral explicou que, se ele tivesse se reunido com os advogados, eles o teriam orientado acerca de como atingir seus objetivos dentro dos limites legais, uma vez que haviam abordado problemas parecidos anteriormente.

A empresa passou três anos em processo, pagando taxas e gastando muitas horas em reuniões e discussões. Por fim, conseguiram encerrar o caso com uma grande quantia, dinheiro que acabou financiando o concorrente, que, no momento, permanece firme no mercado. Bob não trabalha mais para essa empresa.

Como você pode ver, a consultoria jurídica existe nas empresas para ajudar, não para deixar as coisas mais lentas. Informe os advogados a respeito de sua área de atuação e dos desafios que está enfrentando. Estabeleça uma relação de trabalho com sua equipe jurídica assim que possível e a inclua como parte ativa de seu grupo. Você colherá os frutos e evitará cometer erros fatais para sua empresa e para sua carreira.

REGRA 66
PREPARE-SE PARA SUA GRANDE APRESENTAÇÃO

Em uma empresa grande, você tem poucas chances de se apresentar aos executivos do alto escalão. Se conseguir a chance, prepare-se. Resuma sua mensagem e diminua o número de gráficos e diagramas. Simplifique a informação. Lembre-se de que os altos executivos conhecem um pouco de tudo – eles são pagos para saber um pouco sobre cada assunto, mas, na maioria dos casos, não conhecem todos os detalhes.

A maneira mais rápida de perder a atenção das pessoas é apresentar algo que elas não compreendam. Descubra com o que elas estão familiarizadas e pelo que se interessam. Faça apresentações claras, diretas e simples. Uma apresentação curta causa mais impacto que uma longa.

Descobri que, em média, os líderes têm a capacidade de atenção de uma criança de 10 anos. Dê a eles uma história interessante e simples, e eles escutarão e se divertirão. Dê a eles uma apresentação chata e técnica, e eles se dispersarão.

Preste atenção na sua plateia quando estiver se apresentando. Se ela estiver dando sinais para que você se apresse, faça isso. Dê o que ela deseja enquanto passa sua mensagem.

Quando terminar, agradeça pela atenção. Os chefes gostam de receber agradecimentos. Não acontece muito com quem está no topo.

Muitas carreiras são arruinadas por apresentações ruins. Preparar-se e conhecer sua plateia são pontos essenciais.

Lembre-se:

- Invista tempo na preparação.
- Conheça a plateia.
- Simplifique o material e as mensagens.
- Faça recomendações e conclusões.
- Resuma o que foi exposto quando estiver terminando.
- Termine a apresentação pontualmente.
- Agradeça a plateia.

REGRA 67
CERQUE-SE DE TALENTO

Todos somos bons em algumas coisas e ruins em outras. Avalie o que você não faz muito bem e, ao montar sua organização ou equipe, cerque-se de pessoas que equilibrem seus pontos fracos. Nunca tenha medo de encontrar ou contratar alguém melhor que você. Quanto melhor ela for, melhor será para sua imagem.

Contrate pessoas leais e que tenham os mesmos valores que você. Contrate pessoas com energia e paixão. Contrate apenas indivíduos com atitudes positivas. Demita qualquer um que tenha atitudes ruins, pois são as laranjas podres da empresa e precisam ser afastadas antes que espalhem sua negatividade.

Certifique-se de que todos conheçam seus papéis na organização, e dê a eles liberdade para executar os próprios planos. Não faça planos por eles – permita que eles mesmos planejem e auxilie-os no estágio de edição e refinamento. Logo você verá quem são seus melhores gerentes – aqueles que formulam os melhores planos e provavelmente aqueles que estão mais dispostos a receber seu *feedback* e a aproveitá-lo. Não se engane: existe uma forte correlação entre planos ruins e resultados ruins.

Ter habilidades diversas é ótimo! Coordene-as para que funcionem de modo único, e você terá uma combinação de arrasar.

REGRA 68
DÊ CRÉDITO À EQUIPE

Sempre que puder, dê crédito à equipe. Todo líder gosta de usar as palavras "equipe" e "trabalho em equipe". Elas ecoam nos corredores de todas as empresas. Resista à vontade de assumir o crédito sozinho. As pessoas se sentem bem em relação a equipes bem-sucedidas. Você pode ser o melhor membro da equipe, mas seja sempre modesto. Elogie – fale sobre as contribuições de todos e diminua sua participação, mesmo que ela tenha sido muito importante.

Escute o que um bom técnico diz após uma vitória: "O time jogou bem; seguiram o plano de jogo", ou "Eu quero agradecer à torcida pela lealdade", ou "Eu gostaria de agradecer aos responsáveis pelo convite". Eles elogiam a todos, exceto a si mesmos. Sabem que as pessoas são espertas o bastante para perceber – sem que seja preciso dizer – que o técnico foi essencial para o sucesso do time.

Vença campeonatos e você será notado. Dê crédito à equipe e será amado.

REGRA 69

PROCURE ESCUTAR O QUE VOCÊ NÃO OUVE

Um aspecto complicado na ascensão profissional é que, quanto mais alto você chega, mais "esterilizadas" se tornam as informações que recebe. Em síntese, as pessoas querem permanecer em uma posição segura, por isso maquiam a verdade. Escute-as com atenção e observe a linguagem corporal delas. Pergunte quando perceber que alguma coisa pode estar errada. Ou faça o que eu faço de vez em quando: seja direto e peça a verdade. Isso costuma desarmar as pessoas, e elas dizem a verdade, porque você já lhes deu uma base de segurança.

Escutar parece fácil, mas é um tanto complicado – uma habilidade que se aprende. Não costumamos ficar ouvindo calados, sem manifestar uma opinião ou um pensamento. Somos ensinados a participar de modo ativo e frequente.

Aprenda a ouvir. As pessoas que fazem isso conseguem a verdade. A verdade permite boas decisões. E as boas decisões impulsionam sua carreira para frente.

REGRA 70
CRIE DISCÍPULOS PARA SEMPRE

O novo milênio marcou uma mudança em relação ao que queremos de nossos líderes. Os dias de tirania do chefe são coisa do passado – aqueles que ganham no grito, que gostam de humilhar e criar situações embaraçosas estão ultrapassados. Os líderes bem-sucedidos de hoje são calmos e controlados. Sempre passam a impressão de que estão no comando. Eles escutam com calma e demonstram liderança de modo metódico e profissional. Criam empatia com seus funcionários e se esforçam para explicar suas ações e decisões com o intuito de ganhar credibilidade.

O chefe de hoje precisa ser inclusivo nas tomadas de decisão. Todas as opiniões devem ser bem recebidas. "Pode ser que você não goste da minha decisão, mas receberá uma explicação para ela" sempre vence a oposição. Ser inclusivo motiva os funcionários.

As pessoas, naturalmente, querem ter suas opiniões levadas em consideração. Querem sentir que fazem parte do processo e que estão "no grupo de comando". Pessoas que são excluídas das decisões se sentem menos importantes e, assim, menos motivadas. Uma boa forma de compreender como você está se saindo como chefe é ver quantos de seus encarregados diretos pedem demissão inesperadamente todos os anos. Nunca perdi mais de um por ano e, na maioria dos anos, não perdi nenhum.

Se seus funcionários estiverem felizes, você está fazendo um bom trabalho. As pessoas não costumam deixar cargos – e, em especial, chefes – de que gostam. Trate as pessoas da maneira correta e terá discípulos para a vida toda.

REGRA 71

SEJA O TÉCNICO DE SUA EQUIPE

Phil Jackson é, atualmente, o técnico do Los Angeles Lakers, time de basquete da NBA, nos Estados Unidos. Nunca o vi, mas acompanho sua carreira há anos. Phil já dirigiu muitas equipes, tanto do Lakers quanto do Chicago Bulls. Ele tem a habilidade de "misturar talentos" – consegue selecionar ótimos jogadores e combiná-los com destreza. Ele une jogadores como o *bad boy* Dennis Rodman, o superastro Michael Jordan e o performático Scottie Pippen. Ninguém reclama, porque ele comanda seus planos de maneira muito eficiente. Acredito que sua melhor habilidade seja conseguir equilibrar egos, habilidades, talentos e pontos fracos de modo discreto e calmo. Com Phil, as coisas não giram ao redor dele, mas ao redor do desempenho da equipe e da vitória.

O papel de um técnico profissional é parecido com o do líder em uma empresa:

- Ele deve ser capaz de identificar talentos e recrutá-los.
- Deve unir talentos e equilibrar os pontos fortes e fracos da equipe.
- Deve dizer às pessoas quais são seus papéis.
- Deve motivar a equipe para obter bons resultados.
- Não pode ter dias ruins.
- Deve eliminar pessoas de baixo desempenho.
- Só consegue manter seu emprego enquanto estiver ganhando.

Agora você já sabe por que técnicos e atletas costumam ser levados para as empresas para proferir palestras motivacionais. O esporte é um negócio, um negócio muito analisado, com problemas e oportunidades idênticas aos de qualquer empresa. Como você está orientando sua equipe?

REGRA 72

TOME CONTA DE SEUS MELHORES PROFISSIONAIS

Aprendi isso com o presidente de uma companhia muito bem-sucedida para a qual trabalhei no início de minha carreira nos Estados Unidos. Quando ele chegou à empresa, organizou uma reunião com os dez principais executivos e divulgou seus planos e conselhos para o futuro. Após a reunião, ele nos convidou para jantar em um restaurante na região. Sua nova assistente havia organizado tudo.

Entramos no restaurante e logo percebemos a decoração cafona. Escutei quando ele murmurou: "Que droga!" Perguntei qual era o problema e ele disse que nunca, em tempo algum, devemos levar as pessoas mais importantes da empresa a um restaurante ruim. Ponto final. Ele disse: "Você precisa tomar conta de seus melhores profissionais".

Isso vai além dos restaurantes – abrange *tudo* que você faz. É preciso cuidar dos funcionários mais importantes em um nível além. Eles sustentam o grupo, e é preciso tratá-los como reis.

Ele tinha razão – como quase sempre.

REGRA 73
AGRADEÇA SEMPRE

As pessoas querem ser reconhecidas pelo trabalho que realizam. Estudos sugerem que isso costuma ser tão importante quanto o salário que recebem. É algo simples e fácil de fazer, mas não acontece com muita frequência na maioria das empresas. O agradecimento pode ser feito de diversas maneiras. O modo mais sincero é apertar a mão de alguém, olhar nos olhos da pessoa e dizer "Obrigado" com sinceridade – isso, certamente, causa grande impacto. Um agradecimento dito pessoalmente a um grande número de pessoas ou a uma equipe também é eficiente.

Um dos métodos mais antigos que ainda funcionam – e que parece estar voltando à moda entre os líderes mais novos – é uma nota de agradecimento. Uma maneira simples, rápida e sincera.

Desculpe-me, mas agradecer por intermédio de um *e-mail* enviado a um monte de gente ao mesmo tempo é simplesmente péssimo. É um modo superficial – não há como tocar a pessoa nem senti-la. Esqueça essa forma de agradecimento.

Incorpore o "obrigado" a seu repertório. Faz uma grande diferença.

REGRA 74

VÁ PARA A VARANDA

Dedique-se a seu trabalho, mas pelo menos uma vez por semana vá para a "varanda" por uma hora. A "varanda" é um lugar onde você pode analisar tudo que está acontecendo em sua vida, onde pode pensar, sem a interferência de distrações diárias, em seus negócios e no que poderia ser feito para que ele crescesse. Encontrar tempo e fazer disso uma prioridade pode ser desafiador, mas é essencial. Todos os bons líderes fazem isso.

A maioria dos altos executivos que conheço sempre separa um tempo para analisar seus negócios. Grande parte deles tem um ritual para isso: alguns o fazem enquanto caminham de manhã ou à noite; outros enquanto estão sozinhos em um café.

Para mim, isso costuma acontecer nas noites de sexta-feira. O escritório geralmente fica vazio cedo, e ali é um lugar bom e tranquilo. Passo algum tempo em silêncio pensando na semana que acabou de passar e, é claro, na situação geral dos negócios e em como as coisas estão indo. Escrevo e repasso ideias toda semana. Sim, às sextas-feiras estou cansado e quero ir para casa, mas passar um tempo nessa "varanda" faz com que eu me saia melhor que meus concorrentes.

Ouvi uma história ótima, atribuída a Bill Gates. Certa vez, perguntaram a Gates o que ele fazia quando não estava fazendo nada. Ele respondeu: "Eu penso. Você deveria tentar fazer isso". Talvez nem todos sejamos tão inteligentes (ou ricos!) como Bill Gates, mas podemos aprender com o homem da Microsoft.

REGRA 75
NÃO SE ORGULHE DEMAIS DE SI MESMO

Como diria a minha mãe: "Não fique tão cheio de si a ponto de explodir".

Se você tem um evento na empresa, ajude na organização. Se estiver em um piquenique na empresa, sirva o lanche ou junte o lixo. As pequenas ações sempre são notadas.

Lembrei disso em uma reunião com a empresa toda no ano passado, em Sidney, quando eu estava prestes a apresentar nosso resultado anual a 650 pessoas. Cheguei uma hora antes para verificar o local e vi as pessoas se preparando. Uma jovem estava colocando as pautas sobre todas as cadeiras. Peguei metade das folhas e a ajudei a distribuí-las. Depois, ela se aproximou de mim e disse: "Nunca vi um CEO fazer isso". Fiquei um pouco surpreso, e o comentário fez com que eu me sentisse muito bem. Descobri, depois, que as pessoas da empresa estavam comentando que eu era um cara normal que ajudava os outros.

A mensagem é simples: não se orgulhe demais de si mesmo.

REGRA 76
NÃO SEJA UM MÁRTIR

Todas as empresas para as quais trabalhei tinham pelo menos um "mártir" – e costuma ser fácil identificá-lo.

Os mártires sempre trabalham muito... e dizem isso a quem quiser ouvir. Sempre trabalham nos fins de semana... e dizem isso a quem quiser ouvir. Sempre resolvem os problemas sozinhos... e dizem isso a quem quiser ouvir. Sempre voam em horários horríveis... e dizem isso a quem quiser ouvir. Passam pouco tempo com a família... e dizem isso a quem quiser ouvir.

Não seja um mártir.

REGRA 77

COMPREENDA AS DIFERENÇAS
ENTRE AS PESSOAS

O mundo é formado por diferentes tipos de pessoas. Conhecer algumas características da maioria pode ser valioso para estruturar uma empresa ou equipe, visando aproveitar ao máximo o potencial de seus colegas.

Muito se tem escrito nos últimos anos a respeito dos diversos grupos de pessoas e das características que as definem. Por experiência própria, sei que existem três grupos principais: Baby Boomers, Geração X e Geração Y. De modo geral, vejo as coisas da seguinte maneira.

Baby Boomers são definidos como pertencentes à geração nascida entre o fim da Segunda Guerra Mundial e meados dos anos 60;* formam um grande percentual da população de hoje no mundo. Eles são o sonho de qualquer empregador: adoram trabalhar. São dispostos a trabalhar bastante e com afinco, e a maioria tem o objetivo de se aposentar com conforto em uma idade razoável. Os Boomers são voltados para a família e acreditam piamente na educação deles e na de sua família. São confiantes e concentrados no futuro, mas também o temem de maneira saudável.

O que você pode aprender com esse grupo? Muito. Os Baby Boomers continuarão trabalhando muito e arduamente se forem motivados corretamente. Os esquemas de incentivos costumam fun-

---

* Época em que houve rápido crescimento da taxa de natalidade nos Estados Unidos, daí a expressão *baby boom*. (N. do E.)

cionar bem, pois estão disposto a fazer um bom pé de meia para a aposentadoria. Esse grupo fica apreensivo quando passa por períodos difíceis, pois são mais velhos do que as outras duas gerações e, assim, têm mais medo de perder o emprego. Eu vejo os Baby Boomers como os "burros de carga" da população – um ótimo grupo para contratar.

As pessoas da Geração X nasceram entre meados dos anos 60 e início dos anos 80 e estão no ápice de sua força de trabalho atualmente. São um grupo interessante e muito, muito diferente dos Boomers. Adoram tecnologia e experimentar coisas novas. São autoconfiantes e vivem o hoje. Os membros da Geração X esperam receber bons salários e aceitam mudar de emprego para ganhar mais. Esperam que o trabalho seja divertido e animado, além de confortável, mas não se dispõem a trabalhar demais, mesmo quando recebem incentivos especiais.

Obviamente, esse será um setor crescente da força de trabalho, conforme os Baby Boomers forem se aposentando, e isso representa um risco para muitas empresas. Esse grupo não vai trabalhar tanto quanto os Baby Boomers e não é facilmente intimidado nem tem medo de ser demitido. A Geração X valoriza o tempo de descanso e, provavelmente, tem melhor estilo de vida que os Boomers, porque sabe dosar trabalho e diversão. Essa é, no entanto, uma característica ruim do ponto de vista do empregador. Como já disse aqui, o tempo que você passa no trabalho faz diferença (veja a Regra 4).

A Geração Y, pessoas nascidas a partir do início dos anos 80, cresceu em uma época muito boa. Costumam pensar de modo mais global do que os outros grupos e estão sempre dispostos e com vontade de viajar para locais distantes de casa. Devoram as informações da televisão, rádio, Internet, livros, revistas e jornais. A maioria é ou será muito bem educada em termos de estudos. Esse grupo provavelmente terá grandes gênios da tecnologia e, assim como os membros da Geração X, almejará altos salários. Ainda estamos para ver por quanto tempo e quão duro desejarão trabalhar.

Acredito que as pessoas da Geração Y vão se interessar por trabalhos fora do país e ficarão entediados rapidamente com os projetos. Serão necessárias mudanças frequentes para mantê-los ativos e interessados. Além de ser interessados em dinheiro, também prevejo que eles o gastarão rapidamente. Gostaria de saber mais sobre sua ética de trabalho: tento adivinhar, dizendo que será elevada, porque precisarão de dinheiro para sustentar seus gastos. Não há nada a temer em relação a nenhum desses grupos. O importante é reconhecer os grupos e, é claro, os indivíduos, para poder compreender suas necessidades e desejos. Quanto mais você compreender seus funcionários e suas diferenças, mais será capaz de motivá-los de modo eficiente.

REGRA 78
CONTRATE CERTO, DEMITA RÁPIDO

As pessoas que você contrata podem fazer sua carreira ou podem destruí-la. As pessoas são o sangue de qualquer empresa – elas inventam, aprimoram, lidam com clientes e, às vezes, deixam você maluco.

Invista tempo no processo de contratação para encontrar os melhores funcionários. Comece estudando o currículo do candidato. O que ele tem feito? Com que frequência foi promovido? Pula de emprego em emprego? Parece ter as habilidades de que você precisa? Quais são seus interesses? Prepare com antecedência as perguntas que fará na entrevista e não deixe de direcioná-la de modo que garanta todas as respostas de que você precisa. E peça referências – você nunca sabe o que pode descobrir.

"Rapidez" pode ser difícil quando o assunto é demitir alguém. Na maioria das empresas, você pode demitir uma pessoa rapidamente se ela tiver feito algo totalmente estúpido, como roubar ou enganar. Livrar-se de alguém que trabalha mal pode ser mais desafiador. O processo costuma envolver avisos por escrito, tentativas de melhorar os resultados... Pode levar meses. Mas, se alguém não estiver indo bem, você precisa tomar os passos necessários para tirá-lo da empresa da maneira mais rápida que puder.

REGRA 79

ELIMINE BARREIRAS

Uma barreira é alguém na empresa que ocupa uma vaga há muito tempo, impedindo, assim, que pessoas em cargos inferiores progridam. Essa pessoa pode estar trabalhando de modo satisfatório, mas não tem o potencial nem o desejo de ir adiante – e não parece disposta a abrir mão de seu posto.

As boas empresas eliminam as barreiras, movendo-as para o lado ou eliminando-as da organização. As barreiras atrapalham a empresa e impedem a atividade essencial: crescimento e evolução constantes. Devem ser identificadas logo, e é preso lidar com elas por meio de um planejamento cuidadoso.

Barreiras costumam ser pessoas com desempenho razoavelmente bom, por isso é difícil lidar com elas, mas você precisa fazer isso.

Ironicamente, quando o conceito de "barreira" é introduzido e se torna parte da cultura empresarial, elas assumem seu papel e dão sugestões. As pessoas costumam entender que, se estão em um cargo por três anos ou mais e por qualquer motivo não são "promovíveis" – não serão transferidas ou simplesmente não querem o próximo cargo que podem conseguir –, são uma barreira.

Geralmente, você pode encontrar outra vaga e ainda conseguir aproveitar o talento de seu funcionário; mas, às vezes, você precisa fazer um acordo e tirar a pessoa da empresa. Isso nunca é fácil, mas é preciso.

Trate bem as barreiras, mas tire-as do caminho.

REGRA 80
FAÇA PLANEJAMENTO DE SUCESSÃO

Planejamento de sucessão tem a ver com preparação para o futuro – preparar-se para o inevitável. Tal planejamento funciona do seguinte modo: deixar Luciana preparada para o caso de Sérgio encontrar um novo emprego, deixar a empresa ou ser promovido. O bom planejamento de sucessão significa ter opções. O ruim significa ter uma empresa fraca – você terá opções limitadas em um período difícil e sua organização vai passar por maus bocados enquanto você tenta resolver os problemas. Por sua vez, isso representa queda na produtividade e resultados piores – algo que nenhum chefe quer ou pode se permitir, e algo a que os acionistas serão contra. Você, pessoalmente, será visto como um mau planejador.

Boas empresas e bons líderes reveem duas vezes por ano seus planos de sucessão para executivos renomados. Esse processo de avaliação é importante, mas tomar a ação necessária para preparar-se para o inevitável é o que separa homens de meninos.

Não complique demais o processo. Reveja sua lista de cargos importante e determine, pessoa por pessoa, quem deve preencher o cargo de quem caso o dono da vaga deixe a empresa. Concentre-se nas vagas para as quais não há sucessores claros; são esses os pontos de vulnerabilidade que você precisa abordar imediatamente. Preencha essas lacunas. Contrate novos talentos. Traga alguém de outro país. Transfira alguém para outro departamento. Certifique-se de que há um *backup* viável para cada cargo.

Se ainda não estiver fazendo isso, comece um processo organizacional agora. Discuta com seus colegas onde os sucessores estão hoje na escada "pronta". O processo pode ser revelador.

REGRA 81

NUNCA CONTE VANTAGEM

Em toda empresa há pessoas que tentam contar vantagem ou exageram algum assunto para fazê-lo parecer mais importante do que é – geralmente em prejuízo dos outros, e sempre para obter lucros pessoais.

Na maioria das empresas, você geralmente consegue se safar apenas uma vez por contar vantagem. Depois disso, passa a ser visto como convencido. Existe uma clara diferença entre ser apaixonado por um assunto e ser convencido. As pessoas apaixonadas realmente acreditam em algo e tentam ganhar os outros com intenções sinceras. Os convencidos simplesmente tentam vencer à custa dos outros.

Certa vez, observei um gerente de marcas ministrar uma palestra a respeito de como havia sido ótimo o lançamento de um produto. Fiquei sentado, em silêncio, enquanto ele falava de um sucesso atrás do outro. Se eu não conhecesse os números (veja a Regra 29), teria pensado que aquele homem era um gênio. Quando ele terminou, fiz uma pergunta simples: "Estou ficando maluco ou nós não vendemos quase nada desse produto?" Ele se mostrou perplexo e não teve uma carreira muito longa naquela empresa depois disso.

Contar vantagem é uma ótima maneira de perder apoio e ser expulso do jogo. Não faça isso.

REGRA 82

NÃO ENROLE, FALE A VERDADE

As empresas estão repletas de enroladores de todos os tipos. Eles não mentem exatamente, mas também não dizem a verdade. Costuma ser fácil identificar um – trata-se daquela pessoa diante de uma plateia tentando justificar resultados ruins e erros enormes. Ela usa expressões como "experiência de aprendizado", "grande esforço de equipe", "o mercado mudou", enquanto desvia a atenção de todos do fato de que errou.

Nunca gostei de desculpas, e os líderes de minha equipe sabem que não devem ir por esse caminho. Prefiro escutar a verdade e seguir adiante a ter de passar horas escutando uma conversa fiada a respeito do que deveria ter acontecido. Conversa fiada não traz melhores resultados. A verdade e o trabalho árduo, sim.

Enroladores existem em todos os níveis da empresa. Alguns são CEOs... mas CEOs com pouca força quando algo dá errado.

Maury Pagés, ex-executivo da Pepsi, é a pessoa que já vi afastar os enroladores da melhor maneira. Certa vez, durante uma apresentação realizada pelo diretor de finanças, vi Maury pedir a ele para "seguir em frente". Quando ele não obedeceu, Maury se levantou e rasgou todos os quadros que estavam sendo apresentados. Mensagem bem clara. Ele também era conhecido por dizer aos enroladores: "Perguntei que horas são, não como construir um relógio". Outro sinal claro.

Executivos como ele podem farejar, de longe, indivíduos desse tipo. Você não ganhará pontos tentando mascarar uma situação difícil, por isso nem tente. Explique a verdade para que sua empresa possa lidar com ela de modo efetivo.

REGRA 83

CORRA BONS RISCOS

As empresas detestam grandes fracassos, mas todas elas gostam de executivos que não têm medo de correr riscos. Correr riscos dentro da empresa significa um pouco mais do que fazer uma aposta inteligente. O segredo é nunca ter um fracasso muito grande e nunca deixar que ele seja de conhecimento público. Para cada boa ideia, existem centenas de fracassos. A maioria das empresas admite que a busca pela melhor solução vale os 99 fracassos. Desde que a ideia tenha sido boa, o plano bem detalhado, a administração informada com antecedência sobre o que estava acontecendo e o fracasso não tenha sido catastrófico, você corre pouco risco de destruir sua carreira.

O risco e o fracasso são tolerados e, às vezes, recompensados dentro das empresas. Arrisque-se sempre que puder. Uma inovação excepcional terá mais valor que muitos, muitos fracassos.

REGRA 84
ADMITA O FRACASSO

A maneira mais rápida de desfazer um erro em uma grande empresa é aceitar a responsabilidade. Admita o fracasso com a cabeça erguida. Você vai parecer forte e autoconfiante e também vai ser visto como alguém que trabalha em equipe. Além disso, o erro não será muito comentado – não há razão para isso quando alguém assume a culpa. É difícil culpar alguém quando essa pessoa assume o erro.

Tive um único desastre em minha carreira. Minha equipe perdeu um dos maiores clientes da ACNielsen para um concorrente. Telefonei para o presidente, Steve Schmidt, disse a ele que cometi um erro e coloquei meu cargo à disposição. Ele riu e falou: "De jeito nenhum". Steve disse que a empresa havia acabado de realizar um investimento multimilionário em meus estudos e que ninguém vai embora depois disso.

Não houve humilhação depois nem falatório político. Não seria muito popular – nem inteligente – falar mal de alguém a quem o presidente havia perdoado, por isso ninguém disse nada.

Admita os erros e certifique-se de que sua equipe compreenda que o fracasso faz parte do jogo.

REGRA 85

NUNCA COMETA O MESMO ERRO DUAS VEZES

Retomando a Regra 84, apesar de as pessoas e as empresas serem bem compreensíveis quando um erro ocorre e você o admite, tome cuidado para nunca cometer o mesmo erro duas vezes. As pessoas que fazem isso, em geral, parecem estúpidas, e o chefe poderá pensar que o mesmo problema ocorrerá pela terceira vez a qualquer momento.

Tentar coisas novas e acabar fracassando faz parte da vida, e não há problema nisso, mas afaste-se do que o levou ao fracasso no passado, a menos que acredite que o sucesso é muito provável dessa vez.

REGRA 86

FIQUE DE ANTENA LIGADA

De vez em quando, você fica de antena ligada quando alguém diz algo que não parece certo para você.

Sempre sigo minha intuição nesses momentos e lembro que devo investigar para analisar melhor as coisas e descobrir a verdade. Isso acontece com bastante frequência quando você comanda uma empresa.

Minha experiência mais memorável ocorreu quando eu estava trabalhando no Canadá. Um gerente me abordou com uma proposta para justificar um grande gasto. Sua apresentação foi detalhista e bem preparada, quase boa demais. Esse comportamento era atípico daquele gerente, que costumava ser curto e grosso em suas apresentações, por isso fiquei de antena ligada. Bingo! Fiz algumas pesquisas e descobri que o gasto proposto seria usado para cobrir muitos outros pedidos que eu já havia recusado. Recusei a proposta toda. Bela tentativa. Adoro descobrir esse tipo de coisa.

Mantenha os olhos bem abertos, a antena ligada, confie em sua intuição e cave fundo para encontrar a verdade.

REGRA 87
NÃO PREJUDIQUE NINGUÉM

Por mais nervoso que você esteja, nunca, em tempo algum, escreva um bilhete que prejudique outro funcionário. Em alguns momentos, pode ser que alguém o irrite a ponto de você explodir e querer dar o troco.

Resista, resista, resista.

Na era de *e-mails* em que vivemos, é muito fácil algo desagradável ser espalhado. Mesmo que você tenha razão, vai passar a imagem de uma pessoa sem controle, possivelmente amarga e até maldosa. Mantenha a calma.

Nunca se esqueça de que o mundo é pequeno. A pessoa que você prejudica hoje pode dar o troco daqui a alguns anos. Vença a batalha sem criar um inimigo eterno.

REGRA 88
CONHEÇA SEU OPONENTE

Estude seu concorrente. Essa é uma lição que os grandes guerreiros do passado conhecem bem. Independentemente de você estar competindo com uma pessoa ou com uma empresa, estude seus movimentos e perceba quais são seus hábitos – tente pensar como ele. Preveja suas ações e chegue antes dele com algo melhor.

Não se deixe enganar pelas aparências e nunca subestime um concorrente. O mundo está cheio de pessoas que não valorizam seus adversários. Davi ainda pode matar Golias.

Quando for estudar um concorrente, envie uma pessoa ou um grupo em alguma "missão". É claro que essa pessoa deve ler tudo que puder sobre a empresa, mas também faça com que ela use os próprios contatos para descobrir mais. Por exemplo, peça a ela que converse com ex-empregadores ou ex-clientes – é daí que vem o verdadeiro aprendizado. Dê um passo adiante e peça à pessoa ou ao grupo para adivinhar o que o concorrente está pensando ou que ações está planejando. Isso foi o que grandes generais realizaram no passado: previram os movimentos do inimigo e acertaram no alvo. Muitos livros têm comparado o mundo militar com o mundo dos negócios; acredito que existem muitas semelhanças. Seja um general!

REGRA 89

DESARME SEU OPONENTE

Dentro de uma empresa, não há problema em discordar de alguém e expressar suas opiniões, desde que você o faça da maneira adequada.

Meu amigo Bill Moss – atualmente diretor de finanças e propriedade do Macquarie Bank, na Austrália – ensinou-me uma das melhores maneiras de expressar um ponto de vista diferente em uma reunião qualquer. Quando Bill quer discordar, sempre faz a seguinte pergunta: "Posso contestar isso?" É uma das frases mais eficientes e afáveis que já ouvi.

É óbvio que a resposta que recebe sempre é "Claro!", e isso permite que ele expresse um ponto de vista diferente de modo não ameaçador.

Adoro essa frase e a uso sempre. Você deveria fazer o mesmo.

REGRA 90
ACEITE A POLÍTICA

A política da empresa é um fato da vida corporativa, e, quanto maior a empresa, mais complexa e ferrenha será a política. Dentro da companhia, todos tentam ficar em vantagem. Cada um tem sua própria estratégia, e isso alimenta a política, mas algumas pessoas jogam sujo.

De modo realista, você pode esperar que, na maioria das grandes empresas, haja cerca de dez a quinze pessoas com as quais você precisará tomar cuidado. São pessoas que, geralmente, estão em um nível mais alto que o seu. Você também precisa ficar atento às pessoas do seu nível, e talvez até a algumas de nível inferior, se forem grandes "influenciadoras". Executivos do alto escalão escutam todas essas pessoas, por isso a opinião delas conta. Tenha um bom relacionamento com esses indivíduos ou, pelo menos, mantenha uma relação neutra.

Eu me lembro de uma entrevista alguns anos atrás, quando um candidato me disse que detestava a política no escritório e que se "recusava a entrar nesse jogo". Eu não o contratei por causa desse comentário. As políticas existem, isso é fato, por isso você não pode enterrar a cabeça no chão e fingir que nada acontece. Compreenda quem são os jogadores e estabeleça uma estratégia pessoal para lidar com eles de modo adequado.

REGRA 91

WORKAHOLICS NÃO CHEGAM A LUGAR NENHUM

Workaholics não são bons líderes. Eles esperam que todos se comportem dessa forma e geralmente só contratam pessoas parecidas com eles. *Workaholics* produzem resultados a curto prazo. É de esperar, afinal trabalham muito tempo e infernizam a vida de quem trabalha para eles. Esse tipo de comportamento não pode ser tolerado. São pessoas "estouradas" e o pior tipo de chefe.

Trabalhei para um *workaholic* há muitos anos. Tínhamos reuniões todos os fins de semana, recebíamos telefonemas no meio da noite, realizávamos reuniões no café da manhã e no jantar. Ninguém que trabalhava para aquele homem era feliz ou motivado. A produtividade despencou depois de seis meses de sua gestão. Aqueles que permaneceram na empresa estavam por um fio. De repente, a administração acordou e o demitiu.

Um pouco antes de ele sair, me chamou em seu escritório e perguntou se eu o apoiava. Disse a ele a verdade. Neguei, balançando a cabeça, e disse que o estilo de gerenciamento dele era contraproducente e insustentável. Desde então não nos falamos mais, e ele não me envia cartões no Natal. Bem, a verdade deve prevalecer.

Para ser bem-sucedido de verdade, você precisa de equilíbrio e felicidade. Sua família e seus amigos podem lhe dar isso. Encontre tempo para eles, torne-os a prioridade. Esqueça o trabalho quando do estiver com eles. Nunca permita que seu trabalho seja sua família – deixe sua família ser um de seus trabalhos.

REGRA 92

DIGA NÃO AO *HOME OFFICE*

Há pouco tempo, estava procurando uma casa para comprar em Connecticut. Visitei dezenas e fiquei surpreso ao descobrir que quase todas tinham *home office*. Detesto a ideia de ter um.

Se você trabalha em casa, ignore esta regra. Mas, se tem um emprego em um escritório, faça seu trabalho na hora do trabalho. Levar tarefas para casa para realizá-las em seu *home office* significa que você nunca vai parar de trabalhar. Isso, para sua família, quebra o limite entre hora de trabalho e hora de ficar com a família.

Tenho muitos amigos que adoram ter um *home office*, e não gosto quando eles se gabam disso. Não tenho certeza a respeito de quanto trabalho fazem em casa, mas certamente gastam muito tempo falando sobre isso.

Abaixo o *home office*, ou "escritório em casa" – essas palavras ficam péssimas juntas.

REGRA 93

PRESERVE OS FINS DE SEMANA

Você não terá bom desempenho se trabalhar o tempo todo. É importante manter a cabeça fresca. Trabalhe muito durante a semana, mas tente não trabalhar aos fins de semana. Você precisa de dois dias para descansar, relaxar e se divertir. Provavelmente será mais produtivo no trabalho depois disso.

Preservar os fins de semana não é tão simples quanto parece – é muito fácil uma ou duas tarefas do trabalho tomarem seu tempo livre. Sempre digo a meus colegas de trabalho que nunca checo meus *e-mails* e mensagens de voz aos fins de semana, e logo eles percebem que estou falando sério.

Mas você tem de ser prudente: emergências acontecem, e às vezes você precisará trabalhar – apenas tome cuidado para tornar o trabalho aos fins de semana uma exceção à regra. Seu corpo e seu cérebro precisam descansar para poder ter um bom desempenho nos dias de trabalho.

Os fins de semana devem ser reservados à família e aos amigos. Equilíbrio. Equilíbrio. Equilíbrio!

REGRA 94

COMBATA O ESTRESSE

Já disseram que o estresse vem quando você faz coisas de que não gosta, e concordo. Também acredito que o estresse pode surgir com o grande volume de trabalho que as pessoas têm de fazer. Na maioria das empresas de hoje, os funcionários têm muito trabalho para realizar e, como disse antes, ou você acompanha o ritmo e mostra resultados, ou é dispensado. Adicione a pressão causada pelo cônjuge ou pela família, e a maioria das pessoas se sentirá estressada. Parece ruim, mas isso realmente tem ocorrido há algum tempo e não deve mudar tão cedo. Por isso, como todas as coisas na vida, você precisa enfrentar o estresse.

Algumas das coisas que faço quando me sinto estressado e que você também pode fazer são:

- Caminhar por cinco minutos do lado de fora ou mesmo dentro do escritório. É simples, mas ajuda.
- Reconhecer que o estresse costuma se manifestar em explosões e que a situação vai acabar se acalmando.
- Fazer da situação irritante um "queijo suíço". Ou seja, atacar o problema fazendo furos nele e resolvendo-o por partes. Um passo por vez, em vez de tentar atacar o problema todo de uma vez.
- Anotar em um papel tudo que está causando estresse. Às vezes, quando escrevo, meus problemas deixam de parecer tão ruins.
- Sorrir sempre – é muito bom sorrir.
- Assistir a um espetáculo de comédia – nada melhor para combater o estresse do que uma boa risada.

Você precisa ser honesto consigo mesmo. Se se sente estressado o tempo todo com seu trabalho, pergunte a si mesmo se está no emprego certo. Todas as pessoas devem fazer coisas de que gostam. Você costuma fazer melhor as coisas de que gosta (para mim, o golfe é uma exceção a essa regra). A vida é curta demais para ser torturante todos os dias.

Tenho muitos amigos que chegaram ao topo das maiores empresas do mundo e abriram mão de seus cargos simplesmente por causa do estresse. Para um colega, o estresse chegou a tal ponto que ele acabou perdendo a esposa e os filhos. Saiu tarde demais. Outro colega saiu a tempo. Ambos, atualmente, estão mais felizes e ganham a vida em ambientes mais relaxados. Estes são exemplos clássicos de pessoas que não serviam para o que faziam. Se não dá, não dá.

REGRA 95
A FALTA DE SONO É SUA INIMIGA

Pessoas cansadas não duram muito tempo no jogo corporativo. Na verdade, não duram muito tempo em nenhum trabalho. O motivo é simples. Quando você está cansado, não dispõe da energia máxima que seu corpo pode produzir, por isso se move de modo mais lento que o normal, seu raciocínio fica prejudicado, sua habilidade de concentração se torna limitada e sua paciência mais curta. Grandes decisões erradas são tomadas quando você vai trabalhar cansado.

Nada pode substituir boas horas de sono, mas às vezes não é possível evitar. Voos noturnos, jantares com clientes, trabalhos até tarde no escritório, preparações para uma grande reunião – todas essas coisas eventualmente acontecem. Apenas não permita que isso se torne rotina. Faça do sono uma prioridade em sua vida.

Cada pessoa precisa de determinado tempo de sono para satisfazer as necessidades do corpo. Para mim, são sete horas e meia durante a semana, e oito horas e meia aos sábados e domingos. Meu desempenho é muito melhor no trabalho quando durmo esse tempo, e claro que me sinto incomodado quando durmo menos que isso. Mas a questão é que sei do que preciso, e me disciplino para deitar cedo o bastante para conseguir descansar durante esse período.

Há muito tempo os atletas conhecem a importância do sono. Certa vez, perguntei a meu amigo Shane Heal de quanto tempo de sono ele precisa. Shane é um jogador de basquete profissional que atualmente joga na NBL. Além de representar a Austrália nas Olimpíadas, já atuou na NBA e na Europa. Ele me disse que, durante a temporada, precisa dormir de dez a onze horas todos os dias!

Para estar em sua melhor forma, ele precisa mesmo dormir durante esse tempo. Esse cara sempre quer ganhar, então pode ter certeza de que ele será disciplinado o bastante para dormir o quanto precisa. Procure agir do mesmo modo.

A falta de sono é sua inimiga. Durante anos ela foi usada – de modo bem-sucedido – para torturar prisioneiros. A falta de sono pode acabar com a sua carreira. Procure um médico, se preciso, para garantir que você durma o necessário.

REGRA 96

DEIXE SUA BAGAGEM EMOCIONAL DO LADO DE FORA

Quando você chega para trabalhar de manhã, deixe sua bagagem emocional do lado de fora. Você está ali para trabalhar e precisa se manter concentrado. Se precisar de folga, peça. É melhor tirar dois dias de licença do que chegar ao trabalho distraído e mal-humorado. Você só cometerá erros – e eles raramente são perdoados só porque você está tendo um dia ou uma semana ruim em sua vida pessoal.

E não se engane a respeito de seus colegas: alguns vão explorar sua situação para tirar vantagem. Vão retratar você como alguém com problemas emocionais e sem controle.

Se não estiver 100%, fique em casa. É melhor ficar fora do jogo do que jogar mal.

REGRA 97

VÁ ÀS FESTAS

Socializar-se com os colegas pode ser motivador e permite que você reúna informação em um ambiente muito mais aberto e casual. As festas podem ser divertidas! Sempre me esforço para participar de reuniões na empresa. É importante ser visto e mostrar a todos que você gosta da companhia dos colegas. A habilidade de se dar bem, se animar e de ser visto como uma pessoa que se relaciona bem com os outros é boa para sua reputação.

Quando for a festas da empresa, mostre-se e divirta-se, mas cuidado com o quanto vai beber. Socialize-se, mas seja um dos primeiros a ir embora. É por experiência própria que sei que, depois de algumas horas bebendo, pouca coisa boa pode acontecer. Retire-se cedo, descanse e esteja em sua melhor forma para a reunião de negócios no dia seguinte. Afinal, é nela que você vai marcar mais pontos!

REGRA 98
PLAYBOYS NÃO SÃO PROMOVIDOS

Nunca passe a imagem de *playboy* ou de "baladeiro". Já trabalhei com muitas pessoas que, merecidamente, passaram a ser vistas dessa forma. Depois de todas as confraternizações, elas eram as últimas a sair do bar ou ficavam à caça de mulher o tempo todo. Acredito que gostem disso – até que essa atitude passe a ter uma influência ruim sobre o trabalho, pois acaba passando dos limites. Como? Bem, qual será a situação dessas pessoas nas reuniões que começam às 7h30? Não muito boa. Você acha que terão um desempenho exemplar? Não.

Certa vez, quando eu estava viajando a trabalho, dois de meus colegas levaram duas aeromoças para o hotel onde estávamos hospedados, às três horas da manhã. Eu tive a sorte de estar no quarto ao lado, tentando dormir. E, sim, as paredes eram muito finas! Na manhã seguinte, eles chegaram para a reunião – com uma ótima aparência, por sinal –, e eu disse que havia escutado tudo. Eles ficaram surpresos e envergonhados. Pedi que nunca mais me colocassem naquela situação e me afastei. Se estiver viajando a trabalho, volte cedo para o hotel – e sozinho.

Playboys e baladeiros não são promovidos. Quando você passa a ser visto como um deles, talvez nunca perca a fama – e ela vai prejudicar sua carreira.

REGRA 99

AMIGOS, AMIGOS, NEGÓCIOS À PARTE

Esqueça – ter amigos no trabalho não é uma boa ideia. Acredito que, quando você é jovem e acabou de entrar em uma empresa, o risco é pequeno. Mas, conforme progride na organização, principalmente quando começa a supervisionar funcionários, as amizades se tornam uma grande complicação. Pense bem... Seus amigos ficarão felizes com o fato de você dar ordens a eles? Se precisar demitir alguém, conseguirá tomar uma decisão racional se a situação envolver um amigo? Sua amizade sobreviveria depois de uma demissão? E a lista não termina por aí.

Recentemente, em um coquetel em Sidney, uma pessoa me perguntou sobre minha transição da América do Norte para a Austrália. Ela me disse:

– Nossa, você deve ter feito muitos amigos no trabalho.

E ficou um pouco surpresa quando respondi:

– Não, não tenho amigos no trabalho. Tenho conhecidos. Amigos, amigos, negócios à parte.

Fazer amizades no trabalho é fácil, mas não muito inteligente.

REGRA 100

VOCÊ NÃO VENCERÁ CONCURSOS DE POPULARIDADE

Tomar decisões que sejam populares em uma empresa é fácil. Todo mundo quer ser popular. Mas aprenda um conceito simples: a decisão certa nem sempre é a que mais agrada. Nunca tome a decisão errada só porque é fácil. Sempre tome a decisão certa, por mais impopular que seja.

As decisões menos populares sempre envolvem pessoas. E, quanto mais pessoas envolverem, pior será. Durante quatro momentos em minha carreira, precisei tomar importantes decisões que envolviam a demissão de milhares de pessoas – e, é claro, afetavam sua família. Fazer a lista de "quem vai" e "quem fica" é terrível. Dar a notícia a quem está sendo demitido é ainda pior. Essas decisões são necessárias para que as empresas sobrevivam e prosperem, mas são extremamente difíceis de tomar. E sua popularidade vai sofrer.

Se você pretende chegar ao topo, é melhor que não espere ser popular.

REGRA 101
SEJA DISCRETO

Eileen Malloy, consulesa-geral dos Estados Unidos em Sidney, na Austrália, me disse certa vez que uma das partes mais desafiadoras de seu trabalho é nunca poder, de fato, relaxar. Perguntei por que, e ela me disse que precisa ficar atenta o tempo todo, pois quase tudo que fala pode parar nos jornais, possivelmente da pior maneira.

Apesar de nem sempre a situação ser ruim, a necessidade de ser discreto é igualmente importante nos negócios. Dentro da empresa, você deve escolher com cuidado as pessoas em quem confiar. A fábrica de fofocas é uma realidade, e poucas pessoas sabem realmente guardar segredo. Não corra o risco de espalhar qualquer comentário negativo confiando em indivíduos não tão confiáveis. O comentário inevitavelmente será usado contra você.

Certa vez, cometi o erro de dizer a um colega no Canadá que eu estava insatisfeito com a margem de lucros de uma empresa que havíamos comprado havia pouco tempo. Um dia depois, o CEO da corporação telefonou para mim – a história que ele ouvira era que estávamos quase fechando a empresa! Quantas pessoas haviam distorcido a verdade antes de ele ouvir a história?

Seja esperto em relação ao que diz e a quem diz. Espere o pior, e deixe isso guiar seus pensamentos e seus comentários.

REGRA 102

O MUNDO NÃO GIRA AO SEU REDOR!

Última lição do livro. A vida corporativa não gira ao seu redor. A empresa precisa fazer coisas para prosperar – e, às vezes, apenas para sobreviver. Suas necessidades raramente – ou nunca – serão postas acima das necessidades da empresa. Você é apenas uma pequena parte da equação, uma peça do mecanismo que faz as coisas funcionarem.

Não se iluda achando que você é mais importante que a corporação, porque, simplesmente, *não é*. Você pode ser substituído. A empresa pode encontrar outra pessoa para fazer seu trabalho e, provavelmente, fazer bem-feito.

Seja realista e será bem-sucedido e feliz.

EPÍLOGO

Agora que você terminou de ler este livro, que ótimo, mas o verdadeiro teste será como você vai *aplicar* o conhecimento que adquiriu aqui. Lembre-se de meu conselho na introdução: o processo de aprendizagem vai acelerar sua jornada em direção à ação mais correta, e tomar a atitude certa fará com que você cresça o mais rápido possível dentro da empresa, seja ela do tamanho que for. Encontre sua maneira de entrar em ação – o mundo precisa de líderes melhores.

Um colega meu tem uma placa sobre sua mesa na qual está escrito:

FOQPF

É uma abreviatura para a frase *Faça o que prometeu fazer*. Essas palavras certamente são muito sábias. Se você sempre fizer o que prometeu, é possível não apenas que seu chefe o admire sempre, mas também que sua carreira progrida constantemente.

Mantenha este livro perto de sua mesa e folheie-o de vez em quando. Há muitas coisas que você precisa fazer corretamente para ser bem-sucedido, então com certeza vai tirar proveito de uma releitura ocasional.

Trabalhe árdua e sabiamente, continue sorrindo e aproveite sua carreira, sua vida e sua família. E boa sorte!

Impressão e Acabamento

Prisma Printer Gráfica e Editora Ltda.
Fone/Fax: (0xx19) 3229-7171
E-mail: grafica@prismaprinter.com.br
www.prismaprinter.com.br
Campinas - SP